BAEDEKER SMART

Dubai

MairDumont – www.baedeker.com

Wie funktioniert der Reiseführer?

Wir präsentieren Ihnen Dubais Sehenswürdigkeiten in vier Kapiteln. Jedem Kapitel ist eine spezielle Farbe zugeordnet.
Um Ihnen die Reiseplanung zu erleichtern, haben wir alle wichtigen Sehenswürdigkeiten jedes Kapitels in drei Rubriken gegliedert: Einzigartige Sehenswürdigkeiten sind in der Liste der TOP 10 zusammengefasst und zusätzlich mit zwei Baedeker Sternen gekennzeichnet. Ebenfalls bedeutend, wenngleich nicht einzigartig, sind die Sehenswürdigkeiten der Rubrik Nicht verpassen! Eine Auswahl weiterer interessanter Ziele birgt die Rubrik Nach Lust und Laune!

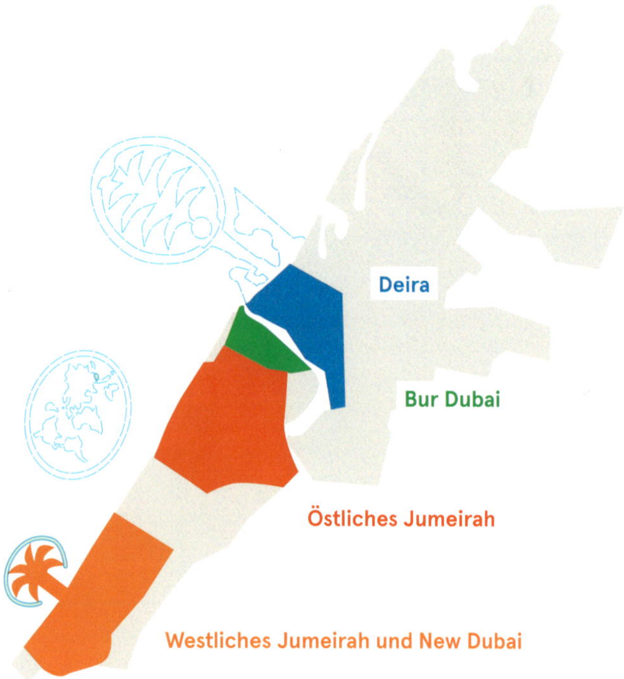

Das Magazin

Deira

Bur Dubai

Östliches Jumeirah

Westliches Jumeirah und New Dubai

Touren

Praktische Informationen

Anhang

Magische Momente

Kommen Sie zur rechten Zeit an den richtigen Ort
und erleben Sie Unvergessliches.

In einem der schwimmenden Restaurants schippern Sie gemütlich über den Creek.

Die Sheikh Zayed Road ist die größte Hauptverkehrsader Dubais.

1

2

3

4

5

6

7

8

9

10

★★ Baedeker Topziele

Unsere TOP 10 helfen Ihnen, von der absoluten Nummer eins bis zur Nummer zehn, die wichtigsten Reiseziele einzuplanen.

❶ ★★ Burj Khalifa
Die Nummer eins in der Welt: Das höchste Gebäude der Erde lockt mit Aussichtsterrassen in 456 und 555 m Höhe und belegt auch in unseren Top 10 den ersten Rang. (S. 96)

❷ ★★ Dubai Creek
Der natürliche Meeresarm ist die Lebensader der Stadt; hier begann Dubais Aufstieg zur Metropole. (S. 38)

❸ ★★ Dubai Museum
Im historischen Al-Fahidi-Fort, dem ältesten Bauwerk der Stadt, wurde Dubais schönstes Museum eingerichtet. (S. 66)

❹ ★★ Bastakiya
Die alten Windturmhäuser und Paläste der persischen Kaufleute am Creek wurden stimmungsvoll restauriert. Heute beherbergen sie Museen, Geschäfte und Restaurants. (S. 70)

❺ ★★ Moschee von Jumeirah
Dubais schönste Moschee, ein elfenbeinfarbener Prachtbau, ist auch die einzige des Emirats, die von Nichtmuslimen betreten werden darf. (S. 100)

❻ ★★ Burj Al-Arab
Dubais berühmtes Luxushotel ist das Wahrzeichen des Emirats und steht auf einer eigenen künstlichen Insel. Wer hier zum Tee oder Cocktail will, der muss daran denken, frühzeitig zu reservieren. (S. 130)

❼ ★★ Die Souks von Deira
Shopping mit orientalischem Flair wie aus Tausendundeiner Nacht: Im Spice Souk duftet es nach Gewürzen und Parfümölen, und im Gold Souk reihen sich mehr als 200 kleine Juweliergeschäfte aneinander. (S. 42)

❽ ★★ Sheikh Saeed Al-Maktoum House
In diesem historischen Windturmpalast am Creek verbrachte auch der jetzige Herrscher Scheich Mohammed einen Teil seiner Kindheit – heute ist das Bauwerk ein nationales Monument. (S. 72)

❾ ★★ Dubai Mall
Dubais größte Mall ist eine Welt für sich: Jeder Topdesigner hat hier eine Dependance, dazu gibt es hervorragende Restaurants und das Dubai Aquarium. (S. 102)

❿ ★★ Dubai Marina
Die größte künstlich geschaffene Marina weltweit beeindruckt durch die außergewöhnlichen Wolkenkratzer. (S. 132)

Ein Gefühl für Dubai bekommen ...

Erleben, was Dubai ausmacht, das einzigartige Flair spüren. So, wie die Dubaier selbst.

Sundowner »am Strand«

In Dubai genießt man den Sundowner am liebsten in edelstem Setting, etwa entlang des Jumeirah Beach. Vor der Küste liegt die künstliche Palmeninsel »Palm Jumeirah«, ragt der Burj Al-Arab in die Höhe. Kurz vor dem Sonnenuntergang trifft man sich am besten im Rooftop, einem Club auf der Dachterrasse des Hotels One & Only Royal Mirage (S. 147). Mit dem Drink in der Hand und sanfter Chill-out-Musik im Ohr blickt man auf orientalische Kuppeln vor sattgrün glänzenden Kokospalmen und wartet genüsslich, bis das letzte Licht der Sonne im Meer verlischt.

Shawarma und Wasserpfeife

In Dubai muss man mindestens einmal eine »Shawarma« essen, Rindfleisch (bzw. Huhn oder Fisch) vom Holzkohlengrill, das in Pitabrot zusammen mit Salat und einer würzigen Sauce gereicht wird – beispielsweise im Al-Mallah (S. 118), einem landestypischen Restaurant. Die anschließende Wasserpfeife (Shisha) mit Erdbeeraroma (strawberry taste) ist nicht nur bei vielen Einheimischen Pflicht.

Unterwegs mit der Metro

»Next Station: Rashidiya.« In dieser Metropole ist das Fahren mit der Metro ein Riesenvergnügen! Die Züge sind allesamt top gepflegt und sauber, die einzelnen Stationen teils mit Granit und Kunstwerken dekoriert. Und wenn man zusammen mit indischen Gastarbeitern, koreanischen Studenten, Businessleuten und Arabern in Landeskleidung von Station zu Station saust, fühlt man sich, als sei man schon sehr lange in Dubai.

Gewürzeinkauf im Spice Souk

Es duftet nach Kardamom und Weihrauch, Zimt und Ingwer. Obwohl der Gewürz-Souk recht klein in der Ausdehnung ist, so werden hier doch alle Sinne angesprochen, und wer in dieser Stadt lebt, der deckt seinen Bedarf nicht im Shoppingcenter, sondern hier. Ganz wichtig: Handeln gehört im Souk zum unverfälscht-vergnüglichen Einkaufserlebnis (S. 42).

Treffpunkt: The Walk

Am Ritz Carlton-Hotel in Jumeirah beginnt der JBR Walk (S. 141), auch

Auf dem Gewürz-Souk kann man sich durch Dubai schnuppern!

Inmitten der Wüste erhebt sich die Millionenstadt.

Unwirklich wirkt auch der künstliche Wasserfall, der sich in der Dubai Mall in die Tiefe stürzt.

»The Walk« genannt. Für Dubaier ist das eine der besten Möglichkeiten, in dieser verkehrsreichen, von Stadtautobahnen durchzogenen Metropole zu Fuß unterwegs zu sein. Während des Winterhalbjahres sind die Straßencafés und Restaurants beliebte Treffpunkte. Hier findet jeder etwas für seinen Geschmack.

Himmel über der Wüste

Weit muss man in Dubai nicht fahren, um die Schönheit der Wüste zu erleben. Während die einheimischen Männer gerne ihre klimatisierten Zelte in der Wüste selbst aufbauen und Luxuscamping bevorzugen, kann man auch nur zum Kamelreiten oder Quadfahren zur Big Red, einer gewaltigen, rot glühenden Sanddüne an der Straße nach Hatta, fahren, am besten außerhalb des Wochenendes. Ein Erlebnis ist es aber auch schon, einfach barfuß über die steilen Sandberge zu laufen und zu spüren, wie die Füße im pulverfeinen Sand versinken (S. 160).

Friday Brunch im Hotel

In Dubai geht man am Freitag, dem arbeitsfreien Tag, üblicherweise mit der Familie oder mit Freunden zum Brunch. Jeder hat dafür eine Lieblingsadresse – als erste Wahl gelten die Fünf-Sterne-Hotels der Stadt, weil dort die Atmosphäre besonders gut und die Auswahl der am Büfett angerichteten Speisen von höchster Qualität ist. Gern trifft man sich etwa am späten Vormittag im schönen Hotel Park Hyatt Dubai und genießt das Grün bis in die frühen Nachmittagsstunden (S. 51).

Shopping deluxe

In Dubai liebt man die Inszenierung, die große Show und die Dubai Mall (S. 102) gehört in dieser Hinsicht zu den beeindruckendsten. Die einen steuern gezielt ihre Lieblingsboutique, den neuen Flagship-Store oder die Fashion-Avenue an, in denen Gucci und Co. ihre jüngsten Kreationen vorführen, andere flanieren lieber ziellos durch die auf Hochglanz polierten Granitflure, genießen die prickelnde Atmosphäre wie andere ein Glas Jahrgangs-Champagner, lieben den Thrill, hier so ziemlich jede Marke zu bekommen, die heute hergestellt wird.

Auf einen Kaffee am Burj Khalifa

Die Dubai Mall (S. 102) ist also Dubais größtes und beliebtestes Einkaufszentrum. Das liegt nicht allein an der enormen Größe, sondern auch an der exquisiten Lage im Viertel Downtown Dubai und an dem in unmittelbarer Nachbarschaft stehenden Burj Khalifa. Im Erdgeschoss der Mall gibt es diverse Cafés und SB-Restaurants, in denen man auch im Freien sitzen kann und auf den berühmten Wolkenkratzer blicken kann.

Hinter den Dünen erheben sich die Wolkenkratzer Dubais.

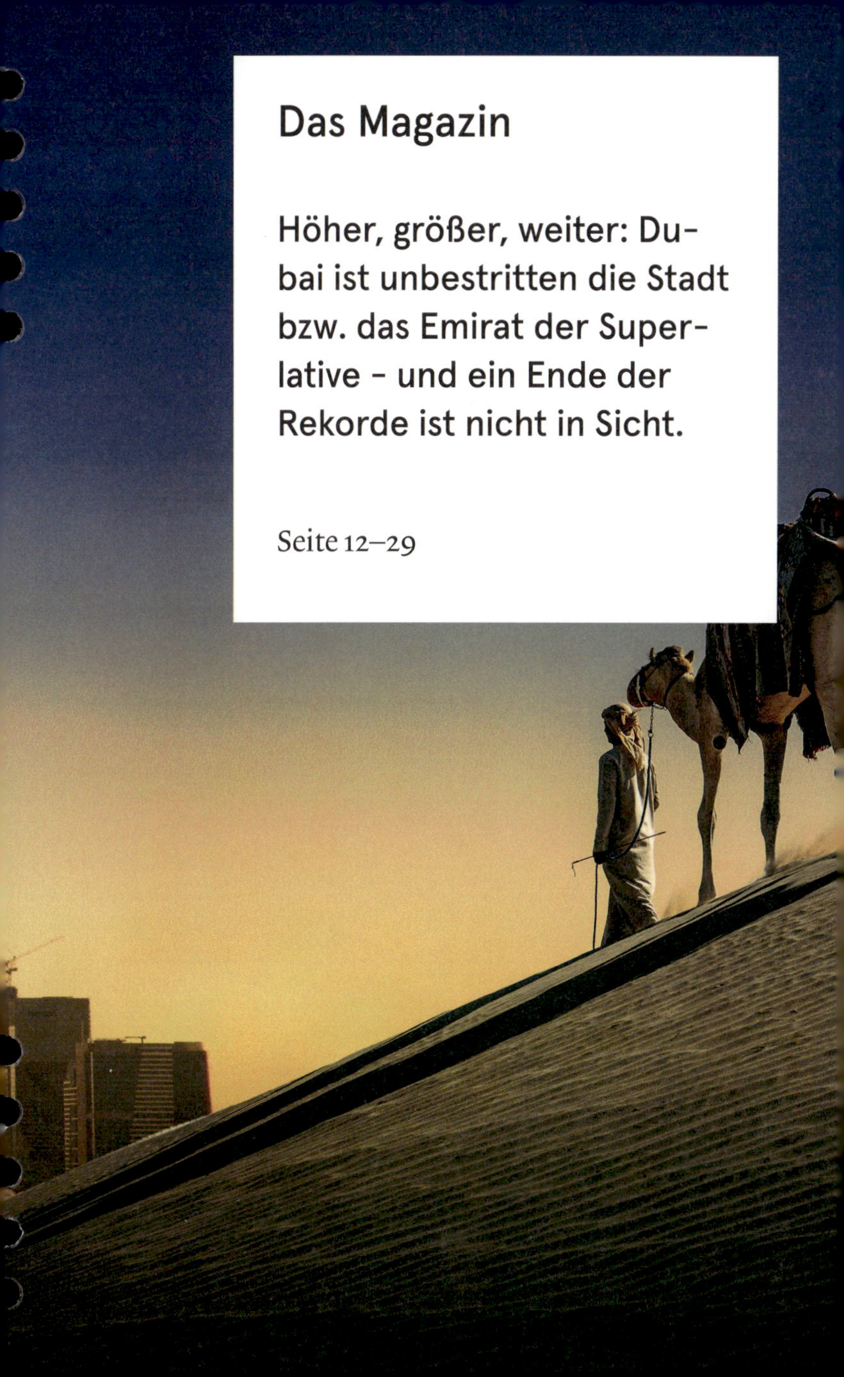

Das Magazin

Höher, größer, weiter: Dubai ist unbestritten die Stadt bzw. das Emirat der Superlative – und ein Ende der Rekorde ist nicht in Sicht.

Seite 12–29

Im Reich der Maktoums

Das Emirat von Dubai ist ein hochkarätiger Familienbetrieb: Unter der Präsidentschaft von Scheich Mohammed Bin Raschid Al-Maktoum kontrollieren seine Angehörigen das politische und wirtschaftliche Leben und machten Dubai zu der am schnellsten wachsenden Stadt der Welt.

Gründung Dubais

Die Dynastie der Maktoums geht zurück auf das Jahr 1833, als sich ein Stamm aus dem benachbarten Abu Dhabi in Dubai niederließ. Das Gebiet der heutigen Vereinigten Arabischen Emirate (VAE) wurde damals von einzelnen Stammesfürsten beherrscht. In Dubai entwickelte sich unter Scheich Maktoum Bin (»Sohn von«) Buti ein lebendiges Gemeinwesen mit Handel, Fischerei und Perlentauchen als wirtschaftliche Grundlage.

Scheich Mohammed Bin Raschid Al-Maktoum, das Oberhaupt Dubais

Stadt im Wachstum

Den Aufstieg vom Wüstendorf zur Wirtschaftsmetropole verdankt Dubai mehreren wegweisenden Entscheidungen der Maktoums. So förderten sie die Ansiedlung von Zuwanderern, woraufhin Kaufleute aus Persien (Iran) und Indien hier Niederlassungen gründeten. In den Souks (Märkten) blühte der Handel. Scheich Maktoum Bin Hasher (reg. 1894–1906) erließ neben den Kaufleuten auch Perlentauchern und in der Perlenverarbeitung tätigen Handwerkern die Steuern. Aber erst

unter Scheich Saeed Bin Maktoum Al-Maktoum (reg. 1912–1958) setzte der entscheidende Entwicklungsschub ein. In den ersten beiden Jahrzehnten des 20. Jh.s verdoppelte sich die Bevölkerung Dubais auf rund 20 000 Einwohner; dank seiner ökonomischen Vielfalt hielten sich selbst in den 1930er-Jahren die Auswirkungen der Weltwirtschaftskrise in Grenzen.
Mit Scheich Raschid Bin Saeed Al-Maktoum bestieg im Jahr 1958 ein Herrscher den Thron, der klare Vorstellungen von Dubais Zukunft hatte. Mit seinen Beratern entwickelte er ehrgeizige Pläne für den Handel mit einem Rohstoff, dessen die Welt in immer stärkerem Maße bedurfte: Erdöl.

Leben in Wohlstand

Diesem Rohstoff verdankt der junge Staat seine hervorragende wirtschaftliche Position. Allerdings sind die Unterschiede zwischen den einzelnen Emiraten, was Vorkommen und Menge des geförderten Erdöls und -gases und somit auch den allgemeinen Wohlstand betrifft, beträchtlich. Abu Dhabi verfügt über die reichsten Vorkommen sowohl an Erdöl als auch an Erdgas, gefolgt von den Scheichtümern Sharjah und Dubai. Tatsächlich sind Dubais eigene Ölreserven begrenzt, die Ölindustrie hat nur noch einen Anteil von weniger als zwei Prozent am Bruttoinlandsprodukt. Deshalb begann man beizeiten neue Geschäftsfelder zu erschließen. Mit Blick auf die voluminösen Bauteile für Bohrtürme, Plattformen und Raffinerien, die zur Förderung des Rohstoffs im Nachbarland Abu Dhabi vonnöten sein würden, ließ Scheich Raschid 1960 den Dubai Creek ausbaggern. Darin konnten auch große Frachtschiffe anlegen, und schon bald flossen aus Abu Dhabi Gebühren für das Löschen von Industriegütern.

Drehkreuz Dubai Airport

In weiser Voraussicht investierte Scheich Raschid zudem noch im selben Jahr in einen internationalen Flughafen. Mit einem Passagieraufkommen, das sich 2021 auf 29,1 Mio. internationale Fluggäste belief, ist der DXB heute eine Drehscheibe des Weltflugverkehrs und trägt rund ein Viertel zu Dubais BIP bei. Damit nicht genug, baute man bei Jebel Ali auch noch einen neuen Großflughafen: den im Oktober 2013 für Passagierflugzeuge eröffneten Al-Maktoum International Airport (auch: »Dubai World Central Airport«, DWC), dessen Kapazität in den nächsten Jahren noch weiter, ausgebaut werden soll.

Die Zukunft des Emirats

Da Dubais Infrastruktur rascher expandierte als seine Bevölkerung und der Dienstleistungssektor, suchte Scheich Raschid Anreize für Ansiedler und Feriengäste zu schaffen. 1979 entstand mit dem

Vom Dubai Airport hebt man ab …

Dubai World Trade Centre (S. 106) der erste Wolkenkratzer. Am Ufer des Dubai Creek öffnete 1975 als erstes Luxushotel das Intercontinental seine Pforten, dem in den 1980er-Jahren weitere Hotels folgten. Zwischen 1968 und 2018 erhöhte sich Dubais Einwohnerzahl von 180 000 auf etwa 3 Mio.

Eine neue Ära

1990 trat Scheich Mohammed die Nachfolge seines Vaters Raschid an. Die kühne Vision einer hypermodernen prosperierenden Finanz- und Tourismusdrehscheibe des Nahen Ostens geht allerdings auf dessen jüngeren Bruder und Nachfolger (seit 2006) zurück: Scheich Mohammed initiierte nicht nur ehrgeizige Projekte wie Burj Al Arab, Palm Jumeirah und Burj Khalifa, sondern prägte auch die Entwicklung zur führenden Tourismusdestination der Golfregion im Rahmen einer modernen, trotz islamischer Traditionen relativ liberalen Gesellschaft.

Im Jahr 2019 zog Dubai knapp 17 Mio. Besucher an. Selbst 2021, noch während der Covid-Pandemie, kamen über 7 Mio. ausländische Besucher, und im ersten Halbjahr 2022 waren es bereits 7,12 Mio. (182% gegenüber dem Vorjahreszeitraum). 2021 fand die zukunftsweisende Expo in Dubai statt, die unter dem Motto: »Connecting minds, creating future« stand. Aktuell verstärkt Dubai den Trend des »nachhaltigen Tourismus«. Der öffentliche Nahverkehr soll ausgebaut, der Einsatz von Hybrid- und Elektrofahrzeugen favorisiert, die bisherige Wasserverschwendung reduziert, mehr Meerwasser entsalzt werden.

Was sind die VAE?

Ungeachtet einer jahrhundertealten Tradition der Emirate am Arabischen Golf gehören die Vereinigten Arabischen Emirate (VAE) zu den jüngsten staatlichen Föderationen der Welt.

Ein neuer Staat

Am 2. Dezember 1971 schlug die Geburtsstunde der VAE: Das sind sieben kleine Emirate am Südostrand der Arabischen Halbinsel. Im Westen grenzt Abu Dhabi an Saudi-Arabien und Qatar, im Osten Fujairah an den Oman. Jedes Emirat wird von einer Herrscherfamilie regiert, viele politische Entscheidungen werden im Konsens getroffen. Nachdem im Mai 2022 sein Bruder verstarb, ist Scheich Mohammed bin Zayed Präsident der VAE.

Dubai Marina: Glitzerwelt aus der Retorte

Die sieben Emirate

- ★ Abu Dhabi Das größte Emirat hat die wirtschaftliche und politische Führungsrolle inne.
- ★ Ajman Das kleinste der Emirate besitzt eine lange Seefahrertradition.
- ★ Dubai Kleiner und wirtschaftlich weniger bedeutend als Abu Dhabi, ist die Stadt dennoch das internationale Schaufenster der VAE.
- ★ Fujairah Das einzige Emirat an der Ostküste ist ein beliebtes Ziel für Wochenendausflüge.
- ★ Ras Al-Khaimah Im reizvollsten Teil der VAE führen moderne Straßen durch die Berge nach Fujairah.
- ★ Sharjah Das konservativste Emirat, mit strengen religiösen Gesetzen, versteht sich als Wahrer und Förderer des kulturellen Erbes.
- ★ Umm Al-Quwain Landwirtschaft und Fischerei bilden das Fundament.

Inselträume

Sie sind international bekannt und noch aus dem Weltall sichtbar: Die Rede ist von Dubais künstlichen Inseln, einer Form der Landgewinnung, die dem Emirat auch hunderte von Kilometern zusätzlicher Küstenlinie verschafft.

Millionenschwere Immobilien

»The Palm Jumeirah«, die 2008 fertiggestellte und mit einer rund 20 Mio. US-Dollar teuren Eröffnungsfeier am 21. November von Sheikh Mohammed offiziell präsentierten Insel, war die erste im Reigen. Mittlerweile sind Tausende von Villen und Apartments errichtet worden, dazu Dutzende von Hotels, die zu den berühmtesten des Emirats gehören. Bei einer Fahrt mit der Schwebebahn über den Stamm der Halbinsel sieht man die millionenschweren Immobilien aus der Nähe.

»The Palm Jebel Ali « heißt ein weiteres Projekt des Emirats, das sich in der Nähe des gleichnamigen Hafens befindet und noch wesentlich größer sein wird. Bereits fertiggestellt ist die erste Bauphase dieses Projekts, für die allein schon Millionen Kubikmeter verfestigter Sand zur Landgewinnung aufgeschüttet wurden.

Aus der Luft erkennt man die Struktur von The Palm Jumeirah am besten.

Robinson-Atmosphäre de luxe

Für gewaltiges Aufsehen sorgte auch »The World«, 300 aufgeschüttete künstliche Inseln und Inselchen, die zusammen die Form einer Weltkarte bilden. Mit der Finanzkrise 2009 kamen sowohl The World als auch Palm Jebel Ali ins Trudeln, nur zögernd geht es heute

Vom Ain Dubai, dem größten Riesenrad der Welt, bieten sich herrliche Panoramablicke.

weiter. Eine kleine Sensation war da die Eröffnung des ersten Hotels auf The World, das Anantara World Islands Dubai Resort, das in »South America« zu lokalisieren ist. Gästen steht ein Erlebnis der ganz besonderen Art bevor, wenn sie sich einschiffen für die schnelle Bootsfahrt vom Schwesterhotel Anantara Palm Jumeirah. Barefoot Luxury und jede Menge Understatement sind angesagt in den edel designten, durch sandige Pfade miteinander verbundenen Pool-Villen. Robinson-Atmosphäre, zu der ein Panoramablick auf die Wolkenkratzer von Dubai am Horizont gehört.

Das zweite auf The World bereits realisierte Projekt heißt »The Heart of Europe« – sechs Inseln, die Europa repräsentieren. Für Publicity sorgen Villen, die »Schwimmendes Seepferdchen« (Floating Seahorse) getauft wurden. Nicht ohne Grund, denn in diesen Villen befinden sich die Schlafzimmer unter Wasser. Durch große Glasscheiben blickt man auf Korallen und Fische.

Hoch hinaus

Das schon von Weitem sichtbare Wahrzeichen der künstlich geschaffenen Halbinsel Bluewaters Island ist das Riesenrad Ain Dubai. Bereits beim Bummel von der gegenüber liegenden Vergnügungsmeile The Beach JBR über die Fußgängerbrücke The Boardwalk genießen Sie einen fantastischen Panoramablick auf die Stadt. Highlight ist dann eine Fahrt mit dem Ain Dubai selbst: Mit einer Höhe von 250 Metern dreht dieses höchste Riesenrad der Welt seine Runden.

Mission Impossible – Visionäre Architekturprojekte

Höher, größer, weiter: In der Stadt der Superlative wollen die Bauherren vor allem architektonisch hoch hinaus, wie mit dem höchsten Wolkenkratzer der Welt.

Hauptstadt der modernen Architektur

Im Januar 2010 wurde der Burj Khalifa, mit 828 m Höhe das höchste Bauwerk der Welt, eröffnet. Von dessen Spitze seilte sich Hollywoodstar Tom Cruise wenig später spektakulär zum Boden ab – in dem Action-Thriller Mission Impossible –Phantom Protocol (2011), der zum großen Teil in Dubai spielt.
Für Stadtplaner ist Dubai ein wahres Schlaraffenland – freier Baugrund im Überfluss, keine Einschränkungen durch Nachbargebäude, kaum Schwierigkeiten mit der Baugenehmigung. In der Wüste gelten keine baupolizeilichen Vorschriften, und mit Unterstützung von Scheich Mohammed entstehen architektonische Highlights, von denen manche für sich schon die Reise wert sind, wie zum Beispiel der Dubai Creek Golf and Jacht Club, die Emirates Towers an der Sheikh Zayed Road, das Hotel Madinat Jumeirah mit seinem Freizeitkomplex und nicht zuletzt das Hotel Burj Al Arab.
Zwar mussten einige der Großprojekte wegen der Weltwirtschaftskrise aufgegeben oder aufgeschoben werden (in einigen Fällen musste man sich auch für die Finanzierung vom Nachbarn Abu Dhabi Geld leihen), doch Scheich Mohammed betrachtet die globale Rezession als »Herausforderung«: Trotz Einbrüchen im Immobilienmarkt und baulichen Verzögerungen hat man die ehrgeizigsten Pläne nicht aufgegeben: Die Arbeiten gehen weiter, auch der Touristenstrom hält an.
International ins Visier gerieten in diesem Zusammenhang allerdings die Arbeits- und Lebensbedingungen

In der Stadt der Superlative streicht das höchste Gebäude der Welt den Himmel.

der 250 000 Bauarbeiter in Dubai, viele davon Zuwanderer (Expatriates) aus Indien, Pakistan und Sri Lanka. Bevor sie Geld nach Hause schicken können, müssen sie den Kredit für die Anreise abstottern, was bei Monatslöhnen um 1000 Dh (etwa 245 Euro) lange dauert. Oft werden Pässe und Visa von den Arbeitgebern einbehalten, manchmal teilen sich an die 25 Arbeiter, die tagsüber bei Temperaturen um 45 °C schuften, ein einziges Zimmer. Immerhin sicherte Dubais Regierung inzwischen zu, die gröbsten Missstände beseitigen und die Immigranten vor Übervorteilung und lebensgefährlichen Arbeitsbedingungen schützen zu wollen.

Hotel-Babylon

Kaum eine Stadt verfügt über eine solche Dichte an faszinierenden Luxushotels: von großzügigen Ferienanlagen am Strand und schicken Businesshotels bis zu abgelegenen Wüstenrefugien. Neue Hotels entstehen im Dutzend, was den Konkurrenzkampf verschärft und die Architekten zwingt, anderen stets eine Nasenlänge voraus zu sein. Jahrelang war das Burj Al-Arab Dubais exklusivste Adresse. Heute ist es immer noch ein architektonisches Juwel, aber im Zentrum der Aufmerksamkeit stehen längst neue Resorts wie das Atlantis, ein spektakulärer, pinkfarbener Hotelpalast auf Palm Jumeirah, oder das J.W. Marriott, das höchste Hotel der Welt.

Schwindelfrei? Vom Burj Khalifa wirkt alles andere unwirklich klein.

Der Burj Khalifa

Die Krönung der spektakulären Architekturlandschaft von Dubai markiert der riesige Burj Khalifa mit seinen 160 Stockwerken, in dem das exklusive, höchst elegante Hotel Armani logiert. Er bildet das Herz des neuen »Downtown Dubai« genannten Stadtteils, zu dem nicht nur eine Handvoll Hotels und luxuriöse Apartments im altarabischen Stil gehören, sondern auch die Dubai Mall, eine der weltweit größten Shopping-Paläste, und der künstliche Dubai Lake, der täglich nach Sonnuntergang zur Bühne wird für die gewaltigen Wasserspiele der Dubai Fountains.

Traditionelle Architektur

Die meisten Gebäude Dubais sind kaum älter als drei Jahrzehnte, es gibt nur wenige erhaltene historische Bauten. Anfangs lebten die Beduinen in Zelten und in Palmhütten (barasti). Dann errichteten sie

Häuser aus Korallen und verputzten diese mit einer Art Kalkbrei. Im 19. Jh. hielt mit der Ansiedlung des Maktoum-Clans am Dubai Creek die Lehmarchitektur Einzug. Später baute man mit Stein, Gips, Korallen- und Muschelkalk und verwendete Interieurs aus Teak- und Sandelholz. Extreme Hitze und grelles Tageslicht waren im Wüstenklima die größte Herausforderung für die Baumeister, die die Häuser deshalb in engen, schattigen Gassen reihten und sie mit verwinkelten Eingängen schützten. Auch bei der lebenswichtigen Belüftung zeigte man sich erfinderisch: Schon lange bevor Elektrizität und Klimaanlagen aufkamen, entwickelten Architekten ein raffiniert ausgeklügeltes System von Windtürmen mit Schlitzen und Röhren, die den Luftzug in die Räume leiteten; solche Türme lassen sich heute noch in Bastakiya (S. 70), dem Altstadtviertel am Dubai Creek, besichtigen.

Aus dem alten Dubai stammen noch die Windtürme.

Zeugnisse traditioneller Baukunst

★ Bastakiya (S. 70) – Das alte Viertel in Bur Dubai am Ufer des Dubai Creek, das gerade restauriert wird, beherbergt eine Fülle historischer Gebäude.

★ Majlis-Ghorfat Um Al-Sheef (S. 111) – In diesem kleinen Versammlungshaus wurde Dubais Zukunft geplant.

★ Sheikh Saeed Al-Maktoum House (S. 72) – 1896 an der Mündung des Dubai Creek erbaut, dokumentiert es die traditionelle lokale Baukunst.

★ Heritage House (S. 48) – Beispiel eines typischen alten Domizils der Oberschicht in Deira.

★ Hatta Heritage Village (S. 162) – Ein Modelldorf in den Bergen, etwa eine Stunde von Dubai entfernt gelegen.

Shop ’til you drop

Seit jeher Handelszentrum, lässt Dubai in seinen Souks und klimatisierten Einkaufszentren keine Wünsche offen: egal, ob man sich sein persönliches Parfüm mischen lassen, bei einem Tee Teppiche begutachten oder Designerklamotten zu Discountpreisen kaufen will – bis zum Limit der Kreditkarte!

Mammut-Malls

Die meisten modernen Einkaufszentren (kaum eines ist älter als 20 Jahre) bieten neben unterschiedlichsten Geschäften sowie einem breiten Freizeit- und Unterhaltungsangebot alle möglichen Serviceeinrichtungen – vom Wickelraum über Gepäckaufbewahrung und Wechselstuben bis hin zum Multiplexkino. So gut wie alle internationalen Modemarken sind vertreten, vom Edeldesigner bis zur Konfektionsware von Topshop oder Zara. Manche Shopping Malls wie die Mall of the Emirates (S. 138) sind so opulent dimensioniert, dass man von einer kleinen Stadt in der Stadt sprechen könnte. Als sei dies alles noch nicht genug Verlockung, werden zweimal jährlich Shoppingfestivals mit Rabatten bis zu 80 % veranstaltet.

Auf dem Gold-Souks erhält man alles was glitzert und glänzt. Ein Besuch lohnt sich!

Auf Schnäppchenjagd

Dennoch gilt generell: Vorsicht bei den Preisen! In Dubai ist keineswegs alles billiger. Utensilien des täglichen Bedarfs oder Unterhaltungselektronik kosten hier etwa das Gleiche wie in Deutschland. Das heißt: Die Auswahl ist überwältigend, Schnäppchen sind jedoch rar.

Fünf Mitbringsel, die sich lohnen

- ★ Gold ist in Dubai wirklich preisgünstig. Auswahl hat man reichlich in den gut 300 Läden des Gold Souk.
- ★ Kitsch und Krempel Wer darauf aus ist, der muss in den Karama Souk! Dort findet man Wecker in Moscheeform (wecken mit Aufruf zum Gebet), den Burj Al Arab als Briefbeschwerer, Babuschkas arabischen Stils und nachgemachte Barbies.
- ★ Kunstgewerbe In Dubai wird Kunsthandwerk aus der ganzen Region angeboten: Dazu gehören silberne Halsketten und Armreife aus dem Oman oder Krummdolche (kanjars), wie sie hier von den Männern getragen werden. Ein schönes Souvenir ist auch eine Wasserpfeife (shisha).
- ★ Parfüm Interessant als Alternative internationaler Markenware zu Niedrigpreisen sind einheimische Erzeugnisse, oft in Fläschchen mit gewagtem Design – man kann sich auch eine eigene Duftnote quasi auf den Leib schneidern lassen.
- ★ Teppiche Hier zu investieren, kann sich lohnen: Bedingt durch seine Nähe zu den Produktionsländern hat Dubai ein reiches Angebot zu akzeptablen Preisen. Am besten betritt man mit einer klaren Vorstellung den Laden (Knüpfteppich, Kelim, Seide, Wolle) und stellt sich auf ausgiebige Preisverhandlungen bei mehreren Tassen Tee ein. Achten Sie auf das Echtheitszertifikat der Dubai Chamber of Commerce & Industry.

Anders sieht es in den Souks der Altstadtviertel aus. Hier kann man noch feilschen und etwas zu einem günstigen Preis ergattern, vor allem auf den beiden wichtigsten Straßenmärkten: dem Spice Souk und dem Gold Souk in Deira (S. 42). Dort ist wirklich alles Gold, was glänzt, und nicht unbedingt teuer. Selbst wenn Sie hier kein schweres Geschmeide (nach Gewicht!) erwerben möchten, werden Sie trotzdem Ihr Vergnügen haben an all den üppig funkelnden Auslagen.

Der Duft der Welt

Bodenständig geht es hingegen auf dem Gewürzmarkt zu: Frisch von den Dhaus (arabische Boote) werden hier am Ufer des Creeks säckeweise Gewürze und Trockenfrüchte feilgeboten – ein Fest für alle Sinne. Schnuppern Sie sich durch Dubai! Was sich auch zu kaufen lohnt, sind Maßkonfektion sowie Teppiche aus der Türkei, Pakistan und dem Iran – bleiben Sie hartnäckig beim Feilschen um einen akzeptablen Preis!

In der Spa Area des Atlantis, The Palm kann man sich vom Stress des Alltags wunderbar erholen.

Wellness-Oase Dubai

Erinnerung an 1001 Nacht: Der Besuch von Spas und luxuriösen Hammams, Badehäusern im arabischen Stil, gehört nicht nur für wohlhabende einheimische Frauen zum Freizeitvergnügen, sondern ist auch bei Expatriates und Besuchern angesagt. Kein Wunder, denn kaum etwas ist schöner und entspannender, als sich an einem heißen, sonnigen Tag für ein paar Stündchen in eine köstlich duftende Wellness-Oase zurückzuziehen.

Nahezu jedes Vier- und Fünf-Sterne-Hotel in Dubai (und den übrigen Emiraten) verfügt über einen Spa-Bereich, zu dem Dampfbad und Sauna, Duschen und Pools gehören. Reichhaltig ist die Liste der angebotenen Treatments: Thai-Massagen gegen Muskelverkrampfungen und mehr Beweglichkeit, balinesische Ölmassagen für Entspannung, arabische Scrubs, nämlich Körperpeelings mit orientalischen Kräutern und Essenzen, die die Haut seidenweich und glänzend machen.

Entspannung pur

Sie waren noch nie in einem Hammam? Dann ist die Gelegenheit günstig, gleich in Dubai eine der traditionsreichen Anwendungen kennenzulernen, die einem alten, orientalischen Entspannungsritual folgen. Es beginnt bereits an der Eingangstür: Die halbdunkle, wohlig-warme Luft, die hohe sich über dem Raum wölbende und von kleinen Lichtern erhellte Kuppel, einem Sternenhimmel nachgebildet, sorgt für wohlige Entspannung. Eingewickelt in das traditionelle rot-karierte Baumwolltuch

Wie wäre es mit einer Maske? Augen zu und entspannen!

geht es zunächst ins Dampfbad, wo hohe Temperaturen und Luftfeuchtigkeit die Hautporen öffnen, die Muskeln entspannen. Die Hammam-Meisterin (bzw. der Bademeister) holt Sie anschließend ab zur traditionellen Bürsten- und Seifenschaummassage auf einem körperwarmen Steinpodest. Zuvor gab es erfrischende Waschungen, bei denen wiederholt Wasser aus großen Marmor- und Mosaikbecken in Kupferschüsseln über Ihren Kopf gegossen wird. Durch die Massage mit speziellen Kokosfaser-Handschuhen lösen sich abgestorbenen

Zum Rundumwohlfühlpaket gehört auch eine Fußpflege. Die Massage gibt es gleich dazu.

Hautschüppchen, werden Durchblutung und Stoffwechsel angeregt. Entspannt und zufrieden liegen die Hammam-Gäste auf dem Stein. Es folgen mehrmaliges Einseifen mit einer marokkanischen schwarzen Seife, die einen Berg von Schaum produziert, und weitere Massagen. Dann heißt es Abschied nehmen: Bei einem Tässchen Ingwertee und Datteln dürfen Sie sich im Ruheraum an den Gedanken gewöhnen, wieder hinaus ins Licht zu treten. Ihre Haut ist samtweich und rosig strahlend.

Islamische Religion

Der Islam ist in Dubai Staatsreligion. Doch Zuwanderer anderen Glaubens erleben hier multikulturelle Toleranz und dürfen ihre Religion ohne Beschränkung ausüben.

Eine wahre Schönheit: Die Moschee in Jumeirah

Ein Balanceakt

In Dubai recken sich die Minarette der Moscheen in den Himmel, von denen fünfmal täglich der Ruf des Muezzin zum Gebet ertönt. Hier bilden islamische Religion und Gebräuche ein wohlgehütetes Zentrum des täglichen Lebens.

Freie Religionsausübung

Moscheen und deren Imame werden staatlich subventioniert sowie oft großzügig mit privaten Zuwendungen bedacht. Aber auch nichtmuslimische Glaubensgemeinschaften können beim Staat die Einrichtung von Andachtsstätten beantragen. Beten kann hier jeder nach seiner Fasson, lediglich die Verbreitung religiöser Schriften ist dem Islam vorbehalten.

Islamisches Dubai

Als Reaktion auf die durch islamistische Extremisten provozierte teilweise Dämonisierung des Islam in einigen westlichen Medien ist man in Dubai bemüht, Fehlurteile über muslimische Lebensart und ihre religiösen Wurzeln zu korrigieren. So bietet das Sheikh Mohammed Centre for Cultural Understanding in Bastakiya (S. 71) Führungen in Moscheen an, bei denen man vieles über den Islam erfährt und Zeuge eines Gebetsrituals wird.

Eifrig studiert dieser Mann die Gebete.

Die fünf Säulen des Islam

- ★ Shahadah (Glaubensbekenntnis): »Es ist kein Gott außer Gott, und Mohammed ist sein Prophet.«
- ★ Salat (gemeinsames Gebet): Muslime müssen fünfmal täglich ihr Gebet verrichten – im Morgengrauen, mittags, nachmittags, bei Sonnenuntergang und im letzten Abendlicht. Dem Beten, zu dem das mehrmalige Verneigen in Richtung Mekka gehört, geht stets eine rituelle Reinigung (Waschung) voraus.
- ★ Zakat (Almosen): Muslime spenden regelmäßig einen Teil ihres Einkommens an Arme und Bedürftige, meist in Form einer Gabe an Moscheen oder gemeinnützige Vereine.
- ★ Ramadan (Fastenmonat): Zum Gedenken an die erste Offenbarung Mohammeds im Jahr 610 darf im neunten Monat des muslimischen Jahres zwischen Sonnenaufgang und -untergang weder gegessen noch getrunken oder geraucht werden. Ausgenommen von diesen Vorschriften sind Kranke, Kinder, schwangere Frauen, Reisende und körperlich schwer Arbeitende.
- ★ Haddsch (Pilgerfahrt): Mindestens einmal im Leben sollte ein Muslim eine Pilgerreise nach Mekka unternehmen, bevorzugt während der ersten beiden Wochen im letzten Monat des islamischen Mondjahres. Erfolgt sie zu einem anderem Zeitpunkt, gilt sie als »Umrah« (Kleine Pilgerfahrt).

Es leuchtet bunt und alles glitzert und glänzt, dann sind Sie angekommen im Herzen von Dubai, in den Souks.

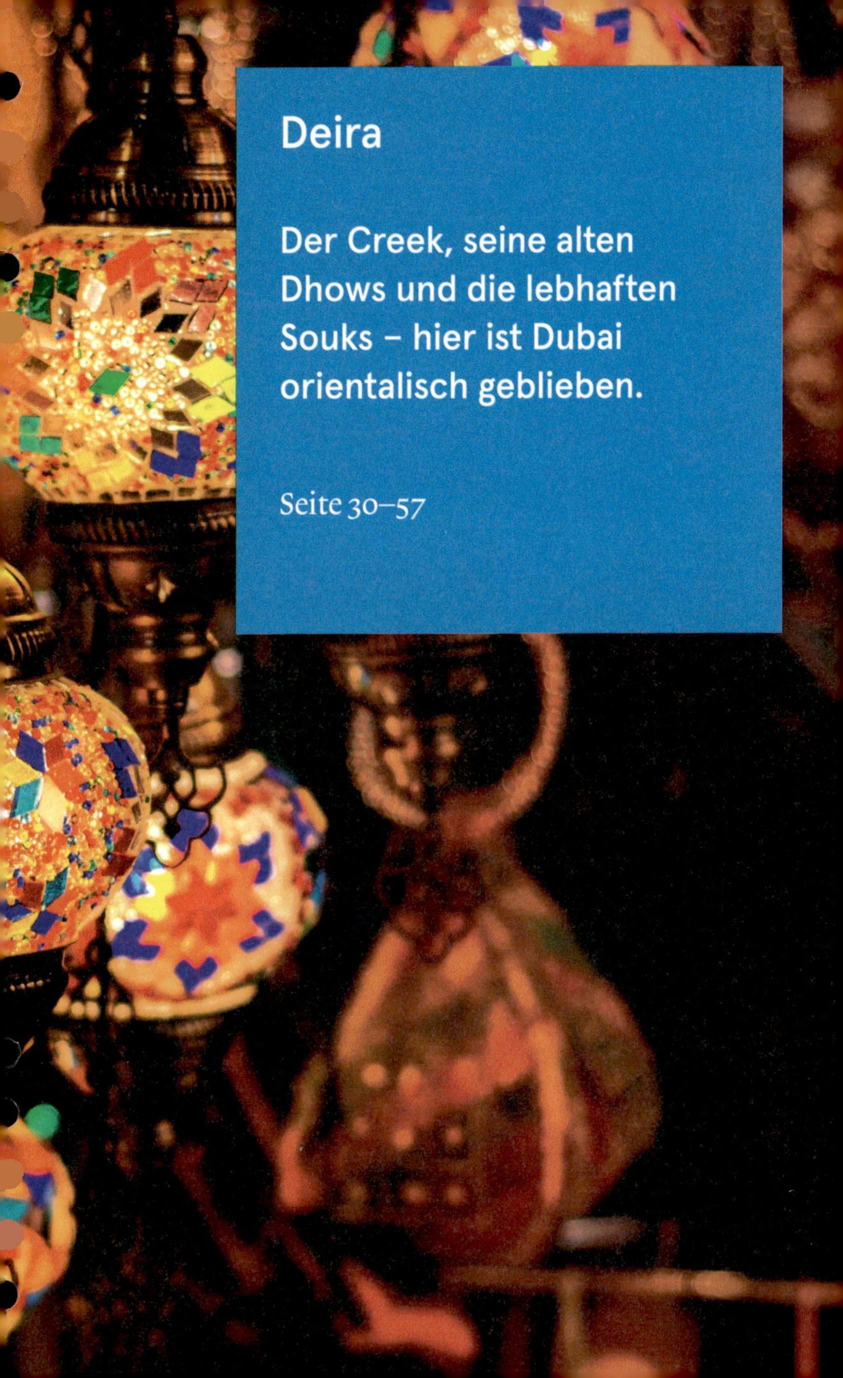

Deira

Der Creek, seine alten Dhows und die lebhaften Souks – hier ist Dubai orientalisch geblieben.

Seite 30–57

Erste Orientierung

Deira ist ein dicht besiedelter Stadtteil am östlichen Ufer des Creek, der sich bis zu dessen Mündung hinzieht. Den landeinwärts gelegenen Rand dieses Stadtteils kennzeichnet ein Gewirr aus Geschäfts- und Wohnbauten, das entlang der Küstenstraße bis zum Al-Mamzar Beach Park und bis zur Grenze des Emirats Sharjah reicht.

Deira ist das pulsierende Handelszentrum der Stadt. Die Hauptstraße nach Sharjah durchschneidet den historischen Stadtteil, der das älteste Viertel Dubais ist. Die Atmosphäre kann auf den Besucher gleichermaßen stimulierend und einschüchternd wirken. Von größtem touristischem Interesse ist die Gegend zwischen Al-Maktoum Bridge und der Küstenstraße. An den Kais werden die traditionellen Lastschiffe entladen; ihre Güter werden später auf den Souks des Viertels zum Verkauf angeboten. Am Ufer des Dubai Creek steht eine Reihe von Fünf-Sterne-Hotels in bester Lage. Die Souks von Deira sind mit ihrem Duft von Gewürzen, Früchten und Fischen sowie dem warmen Glanz der Goldwaren ein Fest für die Sinne. Das Heritage House und die Al-Ahmadiya School vermitteln Einblicke in das Alltagsleben vor dem Ölboom. Draußen auf dem Meer nimmt ein Sinnbild der rasanten Entwicklung, die Dubai in den vergangenen 50 Jahren vollzogen hat, Gestalt an: Am Hafen Al-Hamriyaine entsteht eine künstliche Insel namens Palm Deira, die nach ihrer Fertigstellung die Stadt Paris an Größe übertreffen sollte. Das Projekt wurde allerdings eingestellt und zu einer kleineren Insel umfunktioniert.

TOP 10

❷ ★★ Creek

❼ ★★ Die Souks

Nicht verpassen!

⓫ Dubai Festival

Nach Lust und Laune!

12 Heritage House

13 Al-Ahmadiya School

14 Al-Mamzar Beach Park

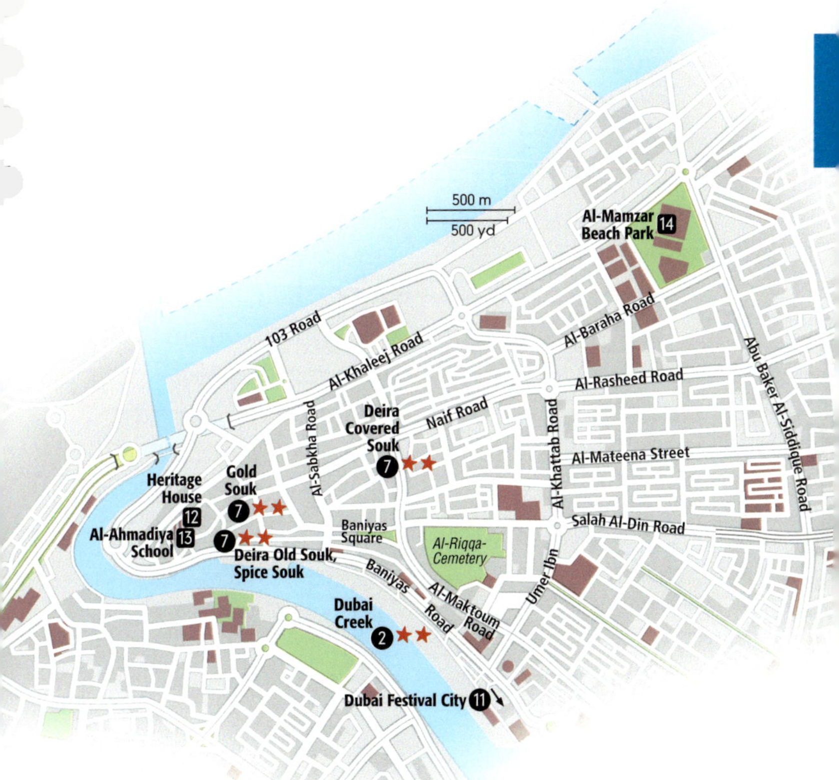
500 m
500 yd
Al-Mamzar Beach Park 14
103 Road
Al-Khaleej Road
Al-Baraha Road
Al-Rasheed Road
Abu Baker Al-Siddique Road
Deira Covered Souk 7
Naif Road
Al-Sabkha Road
Al-Khattab Road
Al-Mateena Street
Gold Souk 7
Heritage House 12
Al-Ahmadiya School 13
Deira Old Souk, Spice Souk 7
Baniyas Square
Al-Riqqa-Cemetery
Salah Al-Din Road
Umer Ibn
Baniyas Road
Al-Maktoum Road
Dubai Creek 2
Dubai Festival City 11

Mein Tag beim traditionellen Shopping

Ihnen steht der Sinn nach kleinen Entdeckungen, Sie wollen ins Gespräch kommen mit hier lebenden und arbeitenden Menschen, ein paar Mitbringsel für Freunde und Familie besorgen und dort einkaufen, wo man traditionellerweise im Orient »shoppt«, den Souks eben?

9 Uhr: Alle Düfte dieser Welt

Kein Wunder, dass es hier so verführerisch duftet: aus großen, offenen Jutesäcken werden getrocknete Limetten und Zimtstangen, Kardamom und Safran verkauft, es gibt Parfümöle und Weihrauchkristalle in diversen Qualitäten. Im ❼ ★★ Spice Souk von Deira bekommen die Sinne Beschäftigung, gibt es nicht nur zu sehen und zu riechen, auch zu fühlen und zu schmecken. Die Händler sind gute Menschenkenner, wissen, wer sich wofür interessieren könnte und nach Abschluss eines kleinen, für beide Seiten zufrieden stellenden Geschäfts legen sie oftmals noch ein kleines Geschenk oben drauf. Handeln gehört zum Vergnügen dazu. Den ersten Preis akzeptieren, den man genannt bekommen? Das ist gegen die Spielregel, würde die Freude am gegenseitigen Austausch verhindern. Weiter geht es zu den Datteln. Welche wollen Sie probieren? Tatsächlich, die Früchte schmecken anders als aus dem Supermarkt zuhause. Zwei Packungen dürfen es jetzt sein.

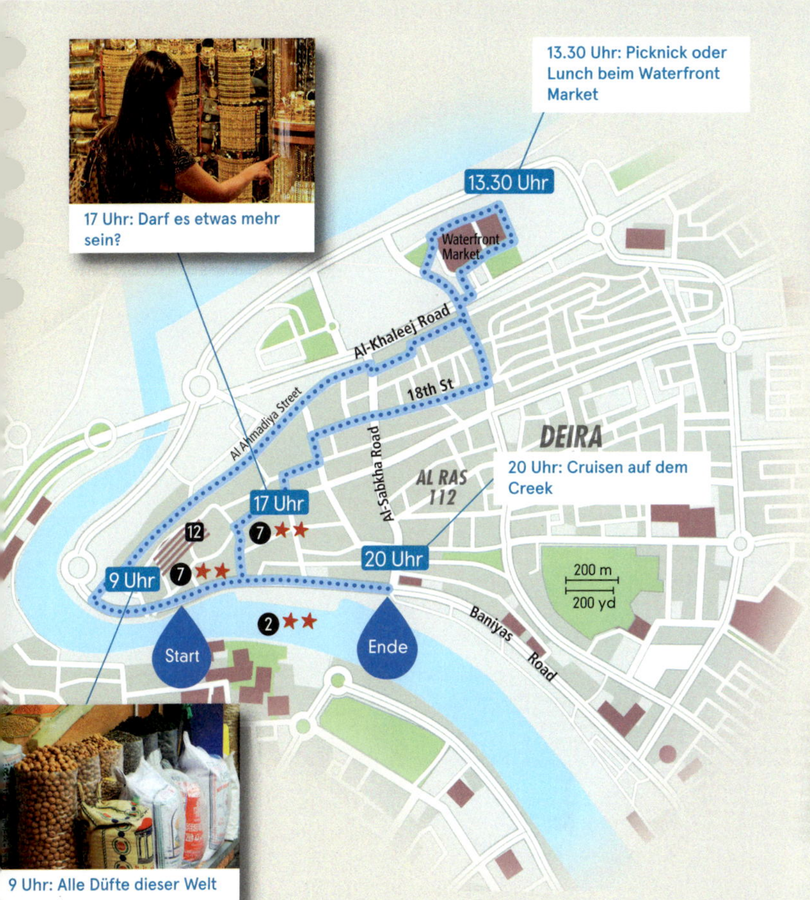

17 Uhr: Darf es etwas mehr sein?

9 Uhr: Alle Düfte dieser Welt

11.30 Uhr: Sehen, fühlen, hören, wie früher am Golf so gelebt wurde

Schlendern Sie einfach weiter durch das Gewirr enger, altertümlich wirkender Gassen, entdecken Sie weitere, entzückende Shops, passieren oder bummeln Sie ein Stück entlang der Baniyas Road und am 2 ★★ Dubai Creek entlang bevor Sie über die Al-Ahmadiya Street zum 12 Heritage House gelangen, einst Wohnort eines Perlenhändlers. Besonders die Einheimischen mögen das behutsam restaurierte Arkadenhaus und zeigen ihren Kindern sehr gern, in welcher Atmosphäre sich das familiäre Leben noch vor wenigen Generationen abgespielt hat.

Wie das duftet! Auf dem Gewürz-Souk (links) entdecken Sie die verschiedensten Gerüche. wohingegen im Gold-Souk von Aladdins Wunderlampe bis zur Goldkette allerlei Schmuckstücke zu entdecken sind (Mitte).

13.30 Uhr: Picknick oder Lunch beim Waterfront Market

Seitdem es den alten Deira Fisch Market nicht mehr gibt, Jahrzehnte lang eine Institution, strömen alle, die Wert auf fangfrischen Fisch legen, zum neuen Waterfront Market. Der macht Patina wett mit einem gewaltigen Angebot auch an Früchten, günstigen Imbiss-Ständen und am Wasser parkenden Food Trucks. Locals, Westler, Gastarbeiter aus Asien – alle kaufen hier ein, viele gönnen sich abschließend noch einen frischen Mangosaft, lassen sich eine King Coconut öffnen. Machen Sie es genauso, kaufen alles ein, was Sie für ein improvisiertes Lunch auf einer der Bänke mit Blick auf das Wasser brauchen oder entdecken das exotische Angebot von einem der hier meist parkenden Food Trucks.

17 Uhr: Darf es etwas mehr sein?

Jetzt ist die beste Zeit des Tages gekommen, um durch Dubais

Den Abend lässt man auf einem der Restaurantboote auf dem Creek romantisch ausklingen.

wertvollste Straße zu bummeln. Den ❼ ★★ Gold Souk, gebildet aus hunderten von Juwelier-Läden, deren Schaufenster angefüllt sind mit schimmernden Geschmeiden, filigran gearbeiteten Ketten und Ringen. Zwar gibt es mittlerweile in der ❾ ★★ Dubai Mall einen ebenso großen Gold Souk, doch dieser ist der »echte« und authentische, auch wenn sich der angebotene Schmuck eher am Geschmack der arabischen Kundschaft orientiert, Frauen, die hier tief verschleiert und mit Nannys, Kindern und männlicher Begleitung auf Großeinkauf sind. Ein Anhänger in Form einer orientalischen Kaffeekanne oder lieber die goldene Palme für Sie?

20 Uhr: Cruisen auf dem Creek

Mehr Romantik geht an diesem Abend kaum: Sie sitzen an Bord einer prächtig beleuchteten Dhau, genießen ein köstliches Dinner mit arabischen Spezialitäten, dass Sie sich vom üppigen Buffet selbst zusammenstellen, während das nächtliche Dubai an Ihnen vorbei gleitet. Zweieinhalb Stunden dauern diese Dhau-Kreuzfahrten. Etwas kitschig vielleicht, aber eben auch richtig schön, sozusagen eine Verbindung zwischen altem und neuem Dubai. Genießen Sie den Creek und die Wolkenkratzer, die die Ufer säumen, in einem bunt erleuchteten Farbenmeer.

❷ ★★ Dubai Creek

Warum?	Hier pocht das Herz Dubais
Was?	Mit der Abra von der Deira zur Bur Dubai-Seite
Wie lange?	10 Minuten – dann sind Sie schon am anderen Ufer
Wann?	Wenn viel Betrieb herrscht, also nicht um die Mittagszeit
Was nehme ich mit?	Den Geruch von Salzwasser und Dieselöl

Der Dubai Creek schneidet sich als natürlicher Meeresarm tief ins historische Zentrum Dubais und bildet das Herz der Stadt. Seine Geschichte spiegelt Dubais Werdegang vom einst verschlafenen (Perlen-)Fischernest und frühen Handelsposten zur heutigen hypermodernen Großstadt. Vergangenheit und Zukunft werden bei einem Spaziergang entlang seines Ufers lebendig.

Im 19. Jh. siedelte sich die Familie der Al-Maktoums aus Abu Dhabi in dem damals noch kleinen Dorf Dubai an der Mündung des Dubai Creek an, der sich als Quelle ihres Wohlstands erweisen sollte (S. 14). Dubai wurde allmählich zu einem blühenden Handelsplatz und dehnte sich landeinwärts auf beiden Seiten des Flusses aus. Für den 1960 gebauten Flughafen blieb daher nur ein Platz am Rand der Altstadt übrig. Das erste Fünf-Sterne-Hotel wurde hingegen direkt am Ufer des Dubai Creek gebaut.

Dubai wird Mitglied der Vertragsküste

Bereits im Jahr 1820 hatte der damalige Herrscher von Dubai, Mohammed Bin Hasher, ein Abkommen mit Großbritannien geschlossen, dessen Kriegsflotte vor der arabischen Küste auf der Jagd nach Piraten war. Als Gegenleistung sollten die Seehandelsinteressen Dubais unter dem Schutz der britischen Marine stehen, wodurch ein freier Warenumschlag und der Handel mit Perlen gefördert wurden. Die Perlenfischerei im Arabischen Golf brachte dem Hafen hohe Gewinne ein, Händler aus Indien, Persien und Arabien kamen in großer Zahl. Auf der westlichen Seite des Dubai Creek wurde der Stadtteil Bastakiya (S. 70) von persischen Einwanderern gegründet.

Das Öl als Rohstoff und Motor der Wirtschaft

1959 veranlasste Scheich Raschid Bin Saeed Al-Maktoum die Vertiefung des Dubai Creek. Die hohen Kosten (damals 850 000 US-Dollar) erwiesen sich als eine gute Investition, denn nun konnte er von Abu Dhabi – wo man auf Ölvorkommen gestoßen war und schwere Geräte zur Ölförderung importieren musste – Gebühren für die Nutzung des ausgebaggerten Hafenbeckens verlangen. Dubai war ein Freihafen, Zölle und Steuern hatte man zu Beginn des 20. Jh.s abgeschafft, was sich vorteilhaft auf die Wirtschaft des Landes auswirkte.

Am Creek hinter den traditionellen Dhaus wachsen die Twin Towers in die Höhe.

Entlang der Küste

Je weiter man von der Mündung unter der Al-Maktoum Bridge hindurch in den Dubai Creek vordringt, umso ursprünglicher wird das Ufer. Auf östlicher Seite liegt der Jachthafen des Dubai Creek Golf and Jacht Club, der hunderten Jachten Platz bietet. Am gegenüberliegenden Ufer befindet sich Creekside Park, der größte Park der Stadt (S. 75). Nach der Garhoud Bridge erreichen Sie die Business Bay Bridge und die Dubai Festival City. Der Dubai Creek macht eine Biegung in westlicher Richtung und weitet sich zur Lagune Ras Al-Khor, einem Schutzgebiet für Flamingos und Wasservögel (S. 79). Seit 2016 zieht sich von hier aus der bis zu 120 Meter breite, künstlich geschaffene Dubai Canal zum Meer, vorbei an Downtown Dubai und durch den Safa Park zur Business Bay.

KLEINE PAUSE

Auf beiden Seiten der Abra-Anlegestellen gibt es nette Cafés. Besonders schön ist das in einem altarabischen Handelshaus untergebrachte **Bayt Al-Wakeel** mit seiner hölzernen Terrasse zum Creek hin auf der Bur Dubai-Seite.

Bayt Al-Wakeel: Souq Al Kabeer, tägl. 11–23.30 Uhr

178 C1–5

Das schwarze Gold

Rund 97,8 Mrd. Barrel – ca. 5,6 % der bekannten Weltvorräte – liegen auf dem Territorium der Vereinigten Arabischen Emirate. Allah selbst soll den Ländern der Region das Erdöl und damit den Wohlstand gebracht haben, meinen deren Bewohner. Und in der Tat ist ein jährliches Pro-Kopf-Einkommen von 50 000 US-Dollar in den VAE gewaltig für ein Land, welches ohne das Öl, das bei einer momentanen Förderquote von 3,7 Mio. Barrel/Tag noch etwa 72 Jahre lang reichen wird, kaum zu den reichsten Ländern der Erde gehören würde.

1 Bohrturm Signifikantester Bestandteil einer Erdölförderungsanlage ist der Bohrturm. Bohrgestänge von jeweils bis zu 9 m Länge und Gewindeverschraubungen werden bis zu 10 000 m tief in die Erde getrieben. Ist der Druck in der Erdöllagerstätte groß genug, wird das Öl an die Erdoberfläche getrieben. Reicht der Druck nicht aus, werden Wasser oder Wasserdampf durch weitere Bohrlöcher eingepresst – und das Öl steigt nach oben.

2 Flaschenzug An einem Flaschenzug im Stahlgerüst des Bohrturms hängt das gesamte Bohrgestänge.

3 Absetztank Das geförderte Erdöl wird zunächst von grobem Schutt durch Siebverfahren gereinigt und in einen Absetztank geleitet. In diesem setzen sich Feststoffe (u. a. Sand) am Boden ab.

4 Schlammpumpen Das am Beckenboden abgelagerte Sediment wird durch Schlammpumpen aus dem Becken entfernt. Übrig bleibt das über Pipelines zur Weiterverarbeitung zu transportierende Rohöl.

5 Antriebsaggregate Motoren mit einer Leistung von jeweils bis zu 4000 kW setzen einen Drehtisch in Bewegung, der wiederum mit dem Bohrgestänge gekoppelt ist. Das Bohrgestänge wird dann mit einem daran befestigten Bohrmeißel in den Erdboden getrieben.

1
2
5
4
3
©BAEDEKER

❼ ★★ Die Souks

Warum?	Shopping orientalisch: Sehen, Riechen, Handeln
Was?	Kardamom und Zimtstangen aus Jutesäcken
Wie lange?	Mindestens ein Stündchen
Wann?	Am späten Nachmittag
Was nehme ich mit?	Ein Beutel feinster Weihrauch

Berge unterschiedlicher Dattelsorten auf dem Deira Markt

Für Einkaufsbummler sind die orientalischen Märkte von Deira eine wahre Fundgrube voller Schmuck, edler Stoffe und exotischer Gewürze. Schnäppchenjäger werden hier vor allem bei Goldwaren fündig. Zugleich machen die Souks aber auch Dubais Geschichte als bedeutender Handelsposten am Golf augenfällig.

Edelstes Metall

Mitten in der Altstadt von Deira liegt der Gold Souk mit seinem von Schmuckgeschäften gesäumten Gassengewirr. Nirgendwo sonst kann man so große Mengen des edlen Materials auf einem Fleck sehen. Das wirkt auf Käufer aus aller Welt anziehend. Glaubt man den einheimischen Experten, ist Gold immer noch die einzige Ware, die in

Dubai preisgünstiger angeboten wird als anderswo. Nicht ohne Grund preist man Dubai häufig als »City of Gold«. Das meiste Gold, mit dem hier gehandelt wird, ist die leuchtende, reine Variante von 24 Karat. Es heißt, wenn alles Gold der Welt einen Reinheitsgrad von 24 Karat hätte, würde es einen Würfel mit einer Seitenfläche von 5,4 m^2 ausfüllen. Ein Großteil davon wird in diesen Gassen zum Kauf angeboten. Für jeden Geschmack gibt es neben dem kräftigen Orangegelb des reinen Goldes auch Schmuckstücke von 18, 21 und 22 Karat in anderen Farbtönen. Wem das Sortiment an Armbändern, Halsketten, Ohrringen, Ringen und Broschen nicht reicht, der kann sich auch ein Schmuckstück nach eigenen Wünschen anfertigen lassen. Schöne Mitbringsel sind kleine Gegenstände wie Krawattennadeln und Banknotenhalter. Wer geschickt verhandelt, kann mit einem Preisnachlass rechnen, besonders beim Dubai Shopping Festival im Januar.

Souvenirs, Souvenirs

Abseits vom Hauptgang des Goldmarkts bieten Geschäfte auch Silberwaren aus dem Oman an. In der Nachbarschaft des Gold Souk liegt der Deira Covered Souk, in dem man von arabischen Sandalen, indischen Saris und Pashminaschals bis hin zu Wasserpfeifen Souvenirs aller Art finden kann. Auch dort lohnt es sich, zu (ver-)handeln. Überall versuchen Händler, die Aufmerksamkeit der Kunden auf spezielle Angebote zu lenken.

Im Gold Souk ist alles Gold, was glänzt – auch diese Armreifen.

Gewürze und Essenzen

Die Gasse des angrenzenden Spice Souk liegt im Viertel Al-Ras an der Old Baladiya Road. Nahebei befindet sich die Old Souk Abra Station, eine Haltestelle der Wassertaxis. Hier

Auch Süßigkeiten werden auf den Souks angeboten – hier mit guter Laune …

wird deutlich, warum der Handel in den engen Gassen von Deira so floriert: Auf dem Dubai Creek schieben sich die Dhaus heran und entladen ihre Waren in unmittelbarer Nähe der Souks. Schon früh pflegten Schiffe, mit Gewürzen und anderen Waren beladen, auf ihrer Fahrt nach Indien in Dubai haltzumachen; manche Güter wechselten direkt am Ufer den Besitzer. Aber nicht nur mit Gewürzen wird im Spice Souk gehandelt; auch Säcke voller Weihrauch, Kamillentee, Rosenblüten, getrockneter Chilischoten stehen zum Verkauf. Vanilleschoten und Safran sind ebenfalls hochwertige Mitbringsel. Safran wird in verschiedenen Qualitäten angeboten, beim billigsten handelt es sich um die gelben Spitzen der Krokusblüte, die rot eingefärbt werden und lediglich zum Färben von Lebensmitteln dienen. Der feinste besteht aus den natürlich roten Spitzen der Staubgefäße – das ist die an Farbe und Aroma beste Qualität. 10 g dieses Safrans kosten bis zu 20 Dh. Für 10 g ganze Blüten bezahlt man etwa 15 Dh. In einer zweiten Gasse kann man Küchengerätschaften preiswert erstehen, etwa indische Karahi-Pfannen und Suppenterrinen.

KLEINE PAUSE

Halten Sie Ausschau nach einem der in der Umgebung liegenden Stände, an denen frische, tropische Säfte verkauft werden (hygienisch unbedenklich) und solche, die köstliche Shawarma (Teigtaschen mit Fleisch vom Drehspieß) für wenige Dirham anbieten.

ⓘ

178 C4
tägl. 9–22 Uhr

Palm Deira (Green Line)

Alles Gold, was glänzt

Tagsüber sehen die 300 kleinen Juwelier-Shops der »City of Gold« im Goldsouk nicht sonderlich aufregend aus, das ändert sich mit Sonnenuntergang. In den Auslagen beginnen die filigranen, 24-Karat-Ketten und Anhänger zu funkeln: das zieht selbst noch die Locals in Dishdasha und Abaya gehüllt an, mit Burka und bis zu den Fingerspitzen komplett verhüllt – die Frauen aus Saudi-Arabien und Kuwait. Das Tolle: Hier wollen Sie nichts kaufen, das Zuschauen allein macht den größten Spaß.

⓫ Dubai Festival City

Warum?	Shopping, Relaxen, Flanieren
Was?	Boutiquen und Cafés am Wasser
Wie lange?	Drei Stunden mit Restaurant-Besuch
Wann?	Zur Zeit der Dämmerung
Was nehme ich mit?	Das gute Gefühl, entspannt unterwegs zu sein
Was noch?	Die abendliche Wasser- und Laser-Show

Auf 4,6 km² Fläche verströmt das am weitesten fortgeschrittene Projekt einer »Stadt in der Stadt« am Dubai Creek französische Riviera-Atmosphäre – mit luxuriösem Jachthafen, Einkaufsmöglichkeiten der Superlative im Festival Centre, Open-Air-Restaurants am Canal Walk sowie dem Al-Badia Golf Club mit einer von Robert Trent Jones entworfenen 18-Loch-Anlage.

Zwischen Al-Garhoud Bridge und Salzwasser-Naturschutzgebiet Ras Al-Khor gelegen, präsentiert sich das gigantische neue Shopping- und Entertainmentviertel mit Jachtzentrum mediterranen Zuschnitts als Gegenentwurf zum hektischen Geschäftszentrum der City. Im Festival Center mit seiner spektakulären Fontäne lässt sich auf angenehme Weise ein

In der Dubai Festival City trifft Tradition auf Moderne.

halber Tag verbringen: Man kann in einem der über 400 Läden nach Lust und Laune shoppen oder eines der 40 Lokale in den beiden Wasserpavillons am Kanal besuchen, darunter ein Ableger der Restaurantkette Jamie's Italian des britischen Starkochs Jamie Oliver. Unterhaltung für die ganze Familie bieten die Bowling City sowie ein Großkinokomplex mit zwölf Leinwänden. Oder Sie lassen ganz einfach die Blicke schweifen, genießen eine Fahrt mit dem Wassertaxi oder flanieren am künstlich angelegten Canal Walk entlang, wo an den 78 Liegeplätzen edle Luxusjachten vertäut sind. Hier findet sich neben anderen Restaurants auch ein Hard Rock Café. In dem geräumigen Komplex wurden auch zwei Hotels untergebracht: das Crowne Plaza Dubai Festival City und das InterContinental Dubai Festival City (S. 50f.). Im Letzteren sorgt zudem das renommierte Restaurant Pierre's TT des mit drei Michelin-Sternen dekorierten französischen Ausnahmekochs Pierre Gagnaire für unvergessliche kulinarische Erlebnisse.

Zwischen den Kanälen lässt es sich wunderbar flanieren.

KLEINE PAUSE

Eine großes Angebot an (SB-)Cafés und Restaurants, und noch ständig eröffnen neue Adressen. Besonders schön ist es mit Blick auf das Wasser. Nehmen Sie dort Platz, wo Ihnen die Atmosphäre besonders zusagt. Hier schmeckt es überall gut.

---

180 B/C3
Al Rebat Street ☎ 04 213 6213
www.dubaifestivalcity.com

So–Mi 10–22, Do–Sa 10–Mitternacht
Emirates (Red Line)

Im Heritage House wird Klein und Groß das traditionelle Leben Dubais nähergebracht.

Nach Lust und Laune!

12 Heritage House

Das Heritage House ist ein gelungenes Beispiel der sorgfältigen und konsequenten Restaurierung eines traditionellen Wohnhauses. Im Jahr 1890 von Scheich Ahmed Bin Dalmouk erbaut, wurde es 1994 restauriert. In jedem der zehn Räume veranschaulichen Ausstellungen das Alltagsleben im Haus eines Perlenhändlers zwischen 1890 und den 1950er-Jahren. Mittelpunkt des Hauses ist der Madschlis, das traditionelle Empfangszimmer. Da die Gastfreundschaft einer arabischen Familie auch Fremden zugute kam, war der Madschlis üblicherweise von den Privaträumen abgesondert. Den Frauen stand ein eigener Madschlis zur Verfügung, der von Männern nicht betreten wurde. Eine Ausstellung zeigt Frauen des Hauses bei der Näharbeit, der Kaffeezubereitung und beim Sich-Bemalen mit Henna. Die Fußböden sind mit Perserteppichen bedeckt. Im Wohnzimmer kam die Familie zu Mahlzeiten und Gesprächen zusammen. Einem frisch verheirateten Paar wurde die Zurückgezogenheit des Brautzimmers, Al-Hijla, zugestanden. Videos und traditionell gewandete Puppen führen Einrichtung und Funktion von Räumen und Einrichtungsgegenständen lebendig vor Augen. Das Heritage House gilt als eines der informativsten Museen der Stadt. Es liegt an der Parallelstraße der Al-Khor Road bei der Küstenstraße.

178 C4 28 Sikka Street
042260286 Sa–Do 8–19.30, Fr 14.30–20.30 Uhr; Ramadan Sa–Do 9–16.30, Fr 14–16.30 Uhr frei
Baniyas Square (Green Line)

13 Al-Ahmadiya School

Neben dem Heritage House befindet sich die Al-Ahmadiya School, die erste, 1912 unter Verwendung traditioneller Materialien wie Gips, Korallen, Muschelschalen, Stein und Sandelholz errichtete Schule Dubais. 1920 wurde ein oberes Stockwerk hinzugefügt, 1922 erweiterte Scheich Abdul Rahman Bin Hafidahh die Räumlichkeiten zu einer Koranschule, in der die Knaben auf Matten im Kreis um ihren Lehrer saßen und Vorträge über islamisches Recht und die Überlieferungen des Propheten Mohammed hörten. Nach Einführung der Unterrichtsfächer Englisch und Naturwissenschaften (1963) reichten die Räume für die stark ansteigenden Schülerzahlen nicht mehr aus und wurden verlegt.

✣ 178 C4 ✉ Sikka Street, neben dem Heritage House (S. 48)
☎ 04 226 02 86 ✦ frei
◑ tägl. 8.30–20.30 Uhr
Ⓜ Baniyas Square (Green Line)

14 Al-Mamzar Beach Park

Schneeweiße Sandstrände, aquamarinblau schimmerndes Wasser und atemberaubende Ausblicke auf die Skyline – in einer Metropole wie Dubai, wo zudem die meisten Strände zu Hotels gehörten und öffentlich nicht zugänglich sind, ist dieser 90 Hektar große Beach-Park ein einziges Juwel für Strandläufer und Wasserratten. Liegestühle, Sonnenschirme und Umkleidekabinen stehen bereit, wer nicht ins Meer zum Baden mag, sucht einen der drei großen Pools auf oder relaxt auf der Terrasse eines der Restaurants. In den üppig blühenden Grünanlagen, von Dutzenden indischer Gärtner penibel gepflegt und rundum die Uhr bewässert, treffen sich Expatriates an den Wochenenden zum Picknick, werden Kindergeburtstage gefeiert. Der nördlich der Stadt an der Grenze zu Sharjah gelegene Beach-Park ist für Gäste, die in Deira wohnen, recht schnell zu erreichen.

✣ 179 E3 ✉ nahe dem Hafen Al-Hamriya ☎ 04 296 62 01 ◑ tägl. 8–23 Uhr, Mi nur Frauen und Kinder ✦ 5 Dh Ⓜ Palm Deira (Green Line)

Sonnenuntergang am Al-Mamzar Beach Park

Wohin zum … Übernachten?

Preise für ein Doppelzimmer pro Nacht:
€ unter 700 Dh
€€ 700–1500 Dh
€€€ über 1500 Dh

Mövenpick Grand Al Bustan Dubai €€
Das Hotel ist wegen seiner Flughafennähe beliebt. Es bietet viele Freizeiteinrichtungen, mit denen auch Feriengäste zufrieden sein können. Die große Zahl der Urlaubsgäste spricht für sich. Es gibt eine überdurchschnittliche Auswahl an Restaurants, einen guten Nachtclub sowie Wellness- und Fitnesseinrichtungen. Die Zimmer sind funktionell eingerichtet; der Stil ist unauffällig-neutral, ein schneller Internetzugang steht zur Verfügung.
179 D1 ✉ Casablanca Road, Garhoud ☎ 04 282 00 00
www.movenpick.com

Wyndham Dubai Deira €€
Ansprechendes modernes Hotel in zentraler Lage und in der Nähe einer Metro-Station, ideal für Besucher, die auf eigene Faust auf Besichtigungstour gehen möchten. Das Souk-Viertel liegt nebenan, abends lockt der Pool auf der Dachterrasse. Vom Gym, dem funktional designten Fitnessstudio, blickt man aufs Meer. In der Umgebung gibt es zahlreiche Cafés und Restaurants.
178 4C ✉ Sherina Plaza 4, Al Corniche Road 11 ☎ 04 525 50 00
www.wyndhamhotels.com

Hilton Dubai Creek €€€
Das schicke Innenstadthotel entstand nach einem Entwurf des Architekten Carlos Ott. Durch eine glas- und chromblitzende Lobby gelangt man ins obere Stockwerk zum Restaurant table 9 (S. 53). Aufsehenerregend sind auch die Zimmer mit ihren schwarzen Marmorbädern. In dem Haus mit nur 154 Zimmern ist eine persönliche Betreuung garantiert. Vom Dach hat man einen überwältigenden Blick auf den Fluss. Zu den übrigen Annehmlichkeiten gehören Swimmingpools, ein Fitnessstudio und ein Babysitterservice.
171 D3 ✉ Baniyas Road
☎ 04 227 11 11 www.hilton.de/dubaicreek

An der Bar im Hyatt Regency werden leckere Cocktails serviert.

Hyatt Regency €€–€€€
Das 1980 eröffnete Hotel war eines der ersten internationalen Häuser in Deira und wurde seither immer wieder auf den neuesten Stand gebracht. Es liegt in günstiger Nähe zum Gold Souk. Zu den sonstigen Vorzügen gehören mehrere gute Restaurants wie das Drehrestaurant Al-Dawaar. Alle 414 Zimmer und Suiten haben Satellitenfernsehen und Internetzugang. Geschäftsreisende sind in der Mehrheit. Freizeitangebote wie die Eislaufbahn im Einkaufszentrum Galleria und ein Minigolfplatz machen das Hotel für Familien attraktiv. Trotz der hervorragenden Aussicht sollten Sie bedenken, dass sich der nächste Strand erst im Al-Mamzar Beach Park befindet.
179 D4 ✉ The Corniche
☎ 04 209 12 34
www.dubai.regency.hyatt.com

InterContinental Dubai Festival City €€€
Als eines von Dubais ältesten Hotels vom Dubai Creek in die angesagte Dubai Festival City zog, hielten viele Freunde dieser alteingesessenen Institution den Atem an. Seit der Eröffnung reißt der Strom der Gäste nicht ab. Das neue Intercontinental ist in der Tat sehr gelungen und gefällt auch dem internationalen Jetset. Von der

atemberaubenden Hotellobby bis hin zu den durchgestylten Zimmern bietet das Hotel ein gelungenes Ambiente mit grandiosen Ausblicken auf den Dubai Creek. Zum Hotel gehört auch ein erstklassiges Restaurant des französischen Drei-Sterne-Kochs Pierre Gagnaire.
180 C3 Dubai Festival City, Deira
047011111 www.ihg.com

Jumeirah Creekside €€€
Mimalistisches Design, Kunstobjekte und moderne Gemälde kennzeichnen dieses Hotel. Vielleicht etwas weniger luxuriös als die anderen Häuser der renommierten Jumeirah-Kette, dafür in einem frischen, jungen Stil und mit einigen gelungenen Überraschungen, wie z.B. dem Blick auf den gläsernen Dach-Pool von der Lobby aus oder das Frühstück mit Wintergarten-Ambiente.
179 D2 Rebat St 04 2 30 85 55
www.jumeirah.com

JW Marriott €€
Das Hotel unweit des Einkaufszentrums Hamarain ist durch zwei Hauptstraßen von den ufernahen Sehenswürdigkeiten Deiras getrennt, aber für Geschäftsreisende günstig gelegen. Gäste können den täglichen Shuttlebus-Service zum Strand nutzen. Sonstige Annehmlichkeiten: mehrere Restaurants, Wellnessclub und Swimmingpool. 351 bestens ausgestattete Zimmer und Suiten.
179 E2 Abu Baker Al-Siddique Road 042624444 www.marriott.com

Park Hyatt Dubai €€€
Mit seinem modernistischen marokkanischen Stil aus weiß getünchten Wänden, blauen Kuppeln und Innenhöfen gehört das elegante Refugium zu den faszinierendsten Hotels der Stadt. Ebenso imposant sind die Zimmer mit innovativem Bad: zum Schlafzimmer hin offen, stehen die Badewannen mitten im Raum. Die Ausstattung ist minimalistisch, aber luxuriös. Die Zimmer im Erdgeschoss haben teilweise einen eigenen Gartenbereich. Das Park Hyatt ist nicht nur das einzige ausgesprochene Urlaubshotel auf der östlichen Seite des Dubai Creek, sondern auch eines der besten der Stadt.
178 C1 Dubai Creek Golf & Jacht Club 046021234
www.dubai.park.hyatt.com

Radisson Blu €€-€€€
Die hervorragende Lage und ein toller Blick auf den Creek (entsprechende Zimmer in den oberen Etagen reservieren1) zeichnen dieses ältere, mehrfach umgebaute und gepflegte Haus aus. Die Metro-Station und Ausflugsboote auf dem Creek sind ebenfalls leicht zu Fuß erreichbar.
179 D3 Baniyas Road 467
04 2 22 71 71 www.radissonblu.com

Star Metro Deira Apartments €
Allen, die zentral wohnen und sich selbst versorgen möchten, bietet dieses Hotel bequeme, günstige Zimmer, dezent eingerichtet und geräumig, mit gut ausgestatteter Küchenzeile (Toaster, Wasserkocher, Mikrowelle, Kühlschrank, Waschmaschine) zusätzlich zu Café und Restaurant, Satelliten-TV und Swimmingpool auf dem Dach. Gebührenpflichtiger Internetzugang in den Zimmern oder im Business Center. Direkt gegenüber liegt die Reef Shopping Mall mit gutem Internetcafé, Supermarkt (rund um die Uhr geöffnet), Läden und Restaurants, fünf Minuten entfernt die Metrostation Al-Rigga (Red Line), das Souk-Viertel ist zu Fuß erreichbar.
179 E3 Salahuddin Road
042359944
www.starmetrohotel.com

Sheraton Dubai Creek €€€
Schönes, erst kürzlich umfassend renoviertes Haus mit guten Restaurants und unverstelltem Blick auf den Dubai Creek. Die meisten Zimmer haben eine Büroausstattung auf höchstem Niveau sowie Stereoanlage und Videogerät (Filme können in der Gästelounge ausgeliehen werden). Für Entspannung sorgt ein kostenloser Shuttlebus, der das Sheraton Dubai Creek mit seinem Schwesterhotel in Jumeirah verbindet, dessen Strand den Hotelgästen zur Verfügung steht. Der Bus hält beim Deira City Center.
178 C3 Baniyas Road 042281111
www.sheratondubaicreek.com

Wohin zum ... Essen und Trinken?

Preise für ein Hauptgericht
(ohne Getränke und Service):

€	unter 60 Dh
€€	60–120 Dh
€€€	über 120 Dh

Al Shabestan €€€
Beste iranische Küche, nämlich eine Vielzahl von würzigen Fleisch- und Fischgerichten, die zusammen mit knusprigem Fladenbrot und Salaten serviert werden. Probieren Sie Gormeh Sabzi, ein nach Kardamom und Zimt duftendes Lammragout, den sog. »Signature Dish« des Hauses. Und ganz nebenbei verwöhnt das Restaurant, in dem die Angestellten arabische Kaftane tragen, mit üppigem orientalischen Dekor und einem Traum-Blick auf den Creek.
179 D4 Baniyas Road, | Radisson Blu Hotel 04 222 71712 www.radissonblu.com/de/hotel-dubaideiracreek
tägl. 12–23 Uhr

Automatic Restaurant & Grill €
Die kleine Restaurantkette ist in ganz Dubai vertreten und bietet seit Jahrzehnten günstig frisch zubereitete libanesische Gerichte an. Es gibt keinen Alkohol, dafür serviert man frisch gepresste Säfte neben kleinen Snacks und gehaltvolleren Speisen. Wechselnde Tagesgerichte und freitags das beliebte Brunchbüffet. Dessert-Tipp: Mouhalabieh (eine Art Flammeri aus Milch, Rosenwasser, Honig und Orangensaft).
179 D3 Riqqa Street 04 4 34 23 55
tägl. 11.30–23 Uhr

The Boardwalk €€
Seit mehr als einem viertel Jahrhundert »der« Treff, wenn Sie einen Platz dicht am Creek mit Blick auf Jachten und die Skyline der City schätzen und dabei weit weg von der Hektik der Stadt sein möchten. Das edel-legere Clubrestaurant serviert leichte mediterrane Küche mit diversen wohlschmeckenden Pasta-Spezialitäten und Salaten sowie fangfrischen Fisch vom Holzkohlengrill, Freitags treffen sich westliche Expatriates hier zum ausgedehnten Brunch mit Prosecco.
178 C1 Dubai Creek Jacht Club
04 205 46 47
Mo–Fr 12–24, Sa, So 11.30–24 Uhr

Century Village €€
Der große Restaurantkomplex hinter dem Aviation Club und Tennisstadion in Garhoud umfasst ein Dutzend Restaurants, in denen man unter freiem Himmel essen kann und die Auswahl unter verschiedenen kulinarischen Regionen hat: Im legeren St. Tropez (Tel. 04 286 90 29) speist man französisch auf einer Holzveranda im Freien; Sushi Sushi (Tel. 04 282 99 08) bietet »Running Sushi« neben Orientalischem; bei Joey's (Tel. 04 2 73 77 07) schmecken Gyros mit Zaziki und die gefüllten Auberginen fast so gut wie auf Kreta ; La Vigna (Tel. 04 282 00 30) serviert Italienisches.
181 D4 beim Tennisstadion, Al-Garhoud
04 2 82 41 22 www.centuryvillage.ae
tägl. 12–2 Uhr

Al Dawaar €€€
Nach einer gelungenen Modernisierung glänzt das berühmte Restaurant jetzt im modern inspirierten Kolonial-Look. Spätestens beim Dessert fällt Ihnen auf, dass sich der Ausblick geändert hat: langsam und unablässig dreht sich das im 25. Stock des Hyatt-Hotels befindliche »revolving restaurant«, - Dubais einziges Drehrestaurant - pro Stunde einmal um 360 Grad. Und da die auf dem üppigen, täglich wechselnden Buffet so ästhetisch wie künstlerisch dargebotenen Speisen auch allesamt köstlich schmecken, kommen Sie bestimmt mehrmals in diesen Genuss.
179 D4 Al Khaleej Road
04 2 09 66 97
www.dubai.regency.hyatt.com
Mo–Fr 18.30–23.30, Sa, So 12.30–16 u. 18.30–23.30 Uhr

Chopstix €€
Das Chopstix ist ein Juwel, aber erstaunlicherweise nie überlaufen, obwohl man hier die beste klassische und moderne chinesische Küche serviert. Vielleicht liegt das

daran, dass es sich in einem unscheinbaren, selten ausgebuchten Vier-Sterne-Hotel in Al-Mateen befindet. Der Vorteil daran: Man bekommt immer einen Tisch und kann ungestört den besten Tintenfisch, den zartesten Spinat, die knusprigsten Chilikartoffeln Dubais genießen.
✈ 179 E3 ✉ Marco Polo Hotel, Al-Mateena Street ☎ 04 272 00 00
🕐 tägl. 12–15 und 19–24 Uhr

Al-Mansour Dhow €€€
Romantisch, etwas kitschig und typisch: Eine abendliche Dhau-Fahrt ist eine eindrucksvolle Art, den Dubai Creek bei Nacht zu erleben, wenn die Lichter der Stadt an den Ufern aufleuchten. Auch eine Fahrt auf der großen Al-Mansour Dhow, die vom Hotel Radisson Blu betrieben wird, ist empfehlenswert. Unter Deck serviert man ein Buffet, auf dem Oberdeck hat man einen wunderbaren Ausblick. Die Qualität der Speisen kann allerdings mit der stimmungsvollen Atmosphäre nicht ganz mithalten. Letztere lohnt aber schon allein die etwa zweistündige Fahrt über den Dubai Creek. Sie führt von den Ankerplätzen der Dhaus bis zur Creekmündung.
✈ 179 D3 ✉ Radisson Blue Hotel, Baniyas Road ☎ 04 3 50 94 40 🕐 tägl. 10–1 Uhr Abfahrt gegenüber dem Hotel
💰 185 Dh pro Person ohne Getränke

The Thai Kitche €€
Ein Hauch Bangkok: Sie sitzen unter Kokospalmen auf einer Terrasse mit Blick auf Wasser und Jachten. In der offenen Küche werden authentische Curries gekocht. Sie können wählen zwischen den Zubereitungsarten Wok (für knackiges, pfannengerührtes Gemüse), Clay Pot (mit köstlichen, sahnigen Saucen) oder grilled (für Tiger Prawns und fangfrischen Fisch). An den Wochenenden gibt es immer wieder exotische Spezialitäten aus weniger bekannten Regionen Thailands. Es lohnt sich, den Empfehlungen zu folgen, allerdings muss darauf geachtet werden, dass man »mild« bzw. »medium spicy« bestellt. Dazu passen leichtes thailändische Bier und italienischer Wein. Als Dessert sollte es Khao Niew I-Tim Kati (Reispudding mit Kokoseis) sein.

Leckere Bresola-Häppchen gibt es im table 9.

✈ 78 C1 ✉ Park Hyatt Dubai Creek Resort ☎ 04 6 02 18 14 🌐 www.hyattrestaurants.com 🕐 Mo–Do 18–23.30, Fr–So 18–0.30 Uhr

Vivaldi €€–€€€
Zu einem Essen in bevorzugter Lage am Ufer des Dubai Creek passen die einfachen Nudelgerichte des eleganten italienischen Restaurants hervorragend. Die hoch gelegene Terrasse wird von einer Markise beschattet. Auch der Blick durch die Glaswand des Speiseraums ist sehr schön.
✈ 171 D3 ✉ Sheraton Dubai Creek Hotel & Towers, Baniyas Road ☎ 04 207 17 17
🕐 Mi–Fr 12–24 Uhr, Sa–Di 12–23.30 Uhr

Yum! €€
Asiatisches Fastfood- und Nudelrestaurant mit breiter Auswahl an Gerichten. Die lebhafte Atmosphäre wird geprägt von der offenen Show-Küche im Zentrum des Restaurants. Auf den Tisch kommen opulente Vorspeisen wie Frühlingsrollen und Salate mit Papaya oder Hühnchen Teriyaki neben großzügig bemessenen Hauptgängen mit Fleisch oder Fisch. Breites Angebot für Vegetarier.
✈ 179 D3 ✉ Radisson Blu Hotel, Baniyas Road ☎ 04 2 05 70 33 🕐 tägl. 12–23 Uhr

Wohin zum ... Einkaufen?

Al-Ghurair Centre

Das älteste Einkaufszentrum Dubais liegt an einer Parallelstraße der Al-Muraqqabat Road. Einheimische wissen die entspannte Atmosphäre zu schätzen, zudem gibt es einen Spinneys-Supermarkt und andere nützliche Geschäfte. Für Urlaubsgäste sind die eleganteren Einkaufszentren aber meist reizvoller.

179 D3

Al Rigga Road ☎ 971 800 24 227

www.alghuraircentre.com

Do–Sa 10–24, So–Mo 10–22 Uhr

Einkaufsbummel zwischen Einheimischen im Al-Ghurair Centre

Deira City Centre

In Dubais beliebtem Einkaufszentrum finden Sie mehr als 370 Geschäfte, ein Multiplexkino sowie an einem Ende des Einkaufszentrums' den Magic Planet zur Freude der jüngeren Familienmitglieder (S. 57). Der gastronomische Bereich umfasst eine große Auswahl an Restaurants, regelmäßige Shuttlebus-Verbindungen bestehen zu den meisten größeren Hotels (Fahrplaninfos an deren Rezeptionen). Ein großer Teil wird von Carrefour eingenommen, wahrscheinlich Dubais bester Supermarkt mit einer Feinkostabteilung der Extraklasse im Untergeschoss – pikante Oliven in Fässern, eingelegtes Gemüse aus dem Libanon, arabische Vorspeisen (Mezze) wie Hummus, Baba Ganoush, frisch gebackenes Fladenbrot, Tabletts mit Baklava (honigsüßes gefülltes Blätterteiggebäck) und iranischer Kaviar zu Spottpreisen. In der zweiten Etage deckt eine Niederlassung von Debenhams den Haushalts- und Wohnbedarf ab. Im Gegensatz zu den meisten anderen Einkaufszentren sind die Geschäfte nach der Art ihrer Waren gruppiert. Im Erdgeschoss findet man Elektrogeschäfte sowie Shops von Mothercare, Woolworth, Next, Benetton, Zara, Diesel, Body Shop, Nine West und Watch House. Die Niederlassung von MAC ist die größte in Dubai, die Auswahl an Kosmetik dementsprechend riesig. Sehr populär ist auch die Kosmetikmarke Mikyajy aus der Golfregion, die speziell für dunklere Hauttypen entwickelt wurde: gewagte, leuchtende Farbtöne von langer Haltbarkeit. Da man diese Produkte außerhalb der Golfstaaten kaum bekommt, sind sie auch ein so ausgefallenes wie hochwertiges Mitbringsel. Und ein super Geschenk für Teenies.

Eine Fundgrube für Leseratten ist Magrudy's, der Buchladen Dubais. Hier kann man nach Herzenslust einkaufen – ob Lesefutter für den Urlaub oder Mitbringsel für daheim, vom Hochglanzbildband über Dubai und die Emirate über hübsch illustrierte Kinderbücher, dicke Wälzer über Politik, Geschichte und Kultur des Nahen Ostens, Bestseller und Belletristik bis hin zu Reiseführern. Der Virgin Mega-Store lässt kaum Wünsche offen: Dort gibt es eine große Auswahl an Unterhaltungselektronik, CDs und DVDs der Region und die gesamte Palette von Apple-Produkten. In der Gepäckaufbewahrung im zweiten Stock von Debenhams können Sie Einkaufstaschen abstellen. An Wochenenden findet man kaum Parkplätze oder Taxis, doch die Metro bietet eine gute Alternative.

⊹ 179 D2 ✉ Kreuzung Al-Garhoud Bridge Road ☎ 971 800 22 6255 ⊕ www.citycentredeira.com ⊟ Deira City Centre (Red Line) ● Mo–Do 10–22 Uhr, Fr–So 10–24 Uhr

Dubai Festival City

Shopping unlimited in 400 Läden und 25 Flagship Stores des Festival Centre, ergänzt durch Dutzende von Restaurants zum drinnen- oder draußen sitzen in Pavillons rund um den Jachthafen und künstlich angelegte Wasserwege. Sehenswert: der kubistisch angehauchte Springbrunnen im ersten Stock. Man findet u. a. Schmuck, Wohnaccessoires, Spielzeug und Geschenke, kleinere Modeläden und Niederlassungen von Marks & Spencers, IKEA, Toys 'R' Us oder The Body Shop. Für Familienunterhaltung sorgt neben der Bowling City ein Großkino mit zwölf Leinwänden. Nehmen Sie sich Zeit für einen ausgedehnten Bummel am Canal Walk mit Sicht auf den kleinen Jachthafen.
⊹ 180 C/B2 ✉ Al-Rebat Street ☎ 04 213 6213 ⊕ www.dubaifestivalcity.com ● So–Do 8.30–17.30 Uhr

Die Souks

Die Souks von Deira (P43) dürfen in keinem Besuchsprogramm fehlen, da sie ein lebendiges Bild von Dubais Vergangenheit bewahren, bevor es klimatisierte Einkaufszentren gab. Früher wurden die Waren aus den Dhaus am Ufer abgeladen und in den benachbarten Sträßchen angeboten.
Heute ist der **Spice Souk** eine von Düften, aber auch von Menschen überfüllte Gasse mit kleinen Läden, vor deren Türen Gewürzsäcke und exotische Lebensmittel lagern. Es macht ebenso viel Spaß, über den Inhalt mancher Säcke zu rätseln, wie über den Preis zu verhandeln.
Im Mittelpunkt der Märkte steht der **Gold Souk**. Wichtiger Programmpunkt der üblichen Touristentouren ist der Anblick des Goldes, das man nie mehr im Leben in solchen Mengen zu sehen bekommen wird, in jedem Fall beeindruckend. Im angrenzenden **Deira Covered Souk** kann man Sandalen, Kleidung und andere Mitbringsel erstehen.
⊹ 178 C4 ● tägl. 10–22 Uhr

Im Souk kann man sich traditonelle Kleidung maßschneidern lassen.

Wohin zum … Ausgehen?

BARS UND CLUBS

The Irish Village

Ist die Überraschung, in Nachbarschaft des größeren Restaurantkomplexes »Century Village« (S. 52) und des Hotels Jumeirah Creekside ein Stück Dublin zu finden, überwunden, kann man an einem Tisch im Freien ein Guinness genießen. Im Winter treffen sich hier die gern britische Expatriates, und nicht nur bei den regelmäßig stattfindenden Konzerten, mitunter auch irischer Livemusik, herrscht Hochstimmung. Angeboten wird Hausmannskost wie Würstchen mit Kartoffelbrei oder fish 'n' chips.

178 C2 ✉ Dubai Tennis Stadium, 31st Street ☎ 04 2 82 47 50
www.theirishvillage.com
Sa–Do 11–1, Fr, Sa 11–2 Uhr

Cu-Ba

Die stylishe Rooftop-Bar auf der 8. Etage des Jumeirah Creekside Hotels füllt sich zwar erst lange nach Sonneuntergang, doch lassen sich die hier gemixten Cocktails und der Ausblick auf die Skyline auch schon früher genießen. Und wer etwas Erfrischung braucht, springt zur Abkühlung in den tollen Designer-Pool. Dienstags zur Ladies Night (kostenlose Drinks für Frauen) wird hier ausgelassen gefeiert.

179 D2 ✉ Jumeirah Creekside Hotel, Rebat St ☎ 04 2 30 85 82 www.jumeirah.com So–Do 15–1, F, Sa 12–2, So–Mi 17–2, Do-Sa 17–3 Uhr

QD's

Der Winter ist die beste Zeit, um vor dieser Bar zu sitzen und zuzusehen, wie die Sonne hinter der Skyline von Dubai untergeht. An der Außenterrasse plätschert der Dubai Creek zu Füßen der Gäste. Serviert werden Tresengerichte, die Cocktailkarte lädt zum Ausprobieren ein. Es gibt auch Shishas mit aromatisiertem Tabak.

178 C1 ✉ Dubai Creek Jacht Club ☎ 04 2 95 60 00 So–Mi 17–2, Do-Sa 17–3 Uhr

The Terrace

Stolichnaja, Absolut, Smirnoff, Ketel One, Wyborowa, Grey Goose und Belvedere: Das sind nur einige der Wodkamarken, die in der noblen Bar am Dubai Creek im Hotel Park Hyatt (S. 51) serviert werden. Speisenbestellungen werden bis Mitternacht entgegengenommen, das Essen ist um eine Klasse besser als die üblichen Tresengerichte. Draußen kann man auf Kissen sitzen und den Sonnenuntergang genießen.

178 C1 ✉ Park Hyatt Dubai
☎ 04 4 35 00 00
www.dubai.park.hyatt.com
tägl. 12–1 Uhr

WELLNESS

Amara

Das Spa ist ausgesprochen populär, was für seine Qualität spricht. Jeder Raum verfügt über einen eigenen Garten mit erfrischender Regendusche. Zudem gibt es neben dem 25 m langen Swimmingpool einen Behandlungsraum, in dem sich Paare gemeinsam verwöhnen lassen können. Anschließend erholt man sich im ruhigen Garten bei Datteln und Tee oder nutzt den palmengesäumten Pool. Lassen Sie sich die Gelegenheit nicht entgehen, die eindrucksvollen Innenhöfe des Hotels im marokkanischen Stil zu erkunden – die luxuriösen Innenräume sind nicht weniger geschmackvoll.

178 C1 ✉ Park Hyatt Dubai
☎ 04 6 02 16 60 tägl. 9–22 Uhr
www.dubaicreekresort.com

Soma Health Club & Spa

Puristisches Design kombiniert mit klassischen Interieur-Akzenten schaffen eine erholsame Atmosphäre. Massagetechniken aus Indien, Bali und Thailand sorgen dafür, dass der Geist zur Ruhe kommt. Ein himmlisches Day Spa in der 7. Etage des Hotel Pullman Deira City Centre (in günstiger Lage bei der Shoppingmall).

179 D2 ✉ Pullman Deira City Centre, Deira
☎ 04 2 58 03 03
tägl. 6-22.45 Uhr
www.bodyandsoulhealthclub.com

KINO

Vox Cinemas

Auf dem Weg zum neu entstandenen Bin Hendi lassen sich Einkaufsbummler von insgesamt elf Kinoleinwänden in den großen Kinokomplex in der zweiten Etage des Einkaufszentrums locken. Alle gängigen Hollywood- und Bollywood-Produktionen sind zu sehen.

✈ 179 C2 ✉ Deira City Centre ☎ 600 59 99 05 🌐 www.voxcinemas.com

AKTIVITÄTEN

Aerogulf Services

Fliegen Sie im Hubschrauber über die Stadt, um Dubai aus der Vogelperspektive zu betrachten. Das ist nicht die preisgünstigste Möglichkeit einer Stadtbesichtigung, bietet aber einen unvergleichlichen Überblick über die Entstehung der Stadt am Dubai Creek. Im Hubschrauber ist Platz für vier Passagiere. Der Preis für einen 30-minütigen Rundflug beträgt 3200 Dh.

✈ 179 D1 ✉ Dubai International Services; Garhoud Road ☎ 04 8 77 61 20 ◐ tägl. 7-21 Uhr 🌐 www.aerogulfservices.com

Balloon Adventures Emirates

Nachdem man noch vor Sonnenaufgang im Hotel abgeholt und zum Startpunkt der Heißluftballons gebracht wurde, kann das Abenteuer beginnen: immer mit dem Wind bewegt sich der Korb über die in allen rot- und Brauntönen schimmernden Wüstendünen, die Dubai umgeben. Besonderes Highlight: unterwegs werden mitgeführte Wanderfalken frei gelassen, deren Flugkünste dann auf Augenhöhe betrachtet werden. Anschließend an die Ballonfahrt geht es per Landrover zu einem in der Wüste aufgebauten Frühstück im Beduinen-Stil. Der Komplett-Preis beträgt 1350 Dh.

✈ 181 D/E1 ✉ 20 B Street, Garhoud ☎ 04 4 40 98 27 🌐 www.balloon-adventures.com ◐ tägl. Okt.–Mai

Dubai Creek Golf

Der Golfclub auf der anderen Seite des Hotels Park Hyatt hat einen 18-Loch-Platz. Die ersten neun Bahnen entwarf der dänische Profigolfer Thomas Bjørn (»Major Tom«). Der Meisterschaftsplatz (Par 71) steht Nichtmitgliedern mit Handicap offen (Männer 28, Frauen 36). PGA-Lehrer führen Neulinge in die Feinheiten des Golfspiels ein, erfahrene Golfsportler können auf einer flutlichtbeleuchteten Driving Range trainieren.
Golf: Besucher zahlen pro Stunde je nach Uhrzeit zwischen 130 und 220 Dh.

✈ 178 C1 ✉ zwischen Al-Maktoum und Al-Garhoud Bridge ☎ 04 295 60 00; www.dubaigolf.com ◐ tägl. 6.45–22 Uhr

Dubai International Bowling Centre

Mit 16 Bahnen und ebenso vielen großen Monitoren, die die Ergebnisse anzeigen, das größte Bowling Center der VAE. Auch Billiard kann gespielt werden, und das angeschlossene Strike Café liefert die Burger gleich neben die Spielbahn.

✈ 179 E3 ✉ 44th St. Al Mamzar Area, nahe Century Mall ☎ 04 2 96 92 22 🌐 www.Dubaibowlingcentre.ae

Magic Planet

Der futuristische Spielpark in der oberen Etage des Deira City Centre sprüht vor bunten Farben. Nirgends gibt es scharfe Kanten. Der – überwältigende – Gesamteindruck erinnert an die wabernden Farbschlieren einer Lavalampe. Kleinere Besucher können mit Flying Tigers oder Jumping Star spielen, für die Größeren ist die spannende Fahrattraktion Equinox konzipiert. Eine 9 m hohe Kletterwand stellt Erwachsene und Kinder vor eine reizvolle Herausforderung. Cosmic Bowling heißt eine zwölfspurige neonbeleuchtete Bowlingbahn auf drei versetzten Ebenen. Karussells, Riesenräder, Piratenschiffe und Autoscooter: Alles ist ständig in Bewegung. Wer eine kleine Pause braucht: Es gibt mehrere Fastfoodrestaurants.

✈ 179 D2 ✉ Deira City Centre ☎ 971 600 599905 🌐 www.theplaymania.com ◐ tägl. 10-24 Uhr

✦ frei, um die kostenpflichtigen Spiel- und Fahrattraktionen (jeweils 8–25 Dh) nutzen zu können, müssen Sie Geld auf eine Magnetkarte buchen.

In Bastakiya stehen noch ältere und traditionelle Bauten, wie hier mit Windturm.

Bur Dubai

Romantischer als zwischen den alten Windturmhäusern von Bastakiya ist es nirgendwo in Dubai.

Seite 58–85

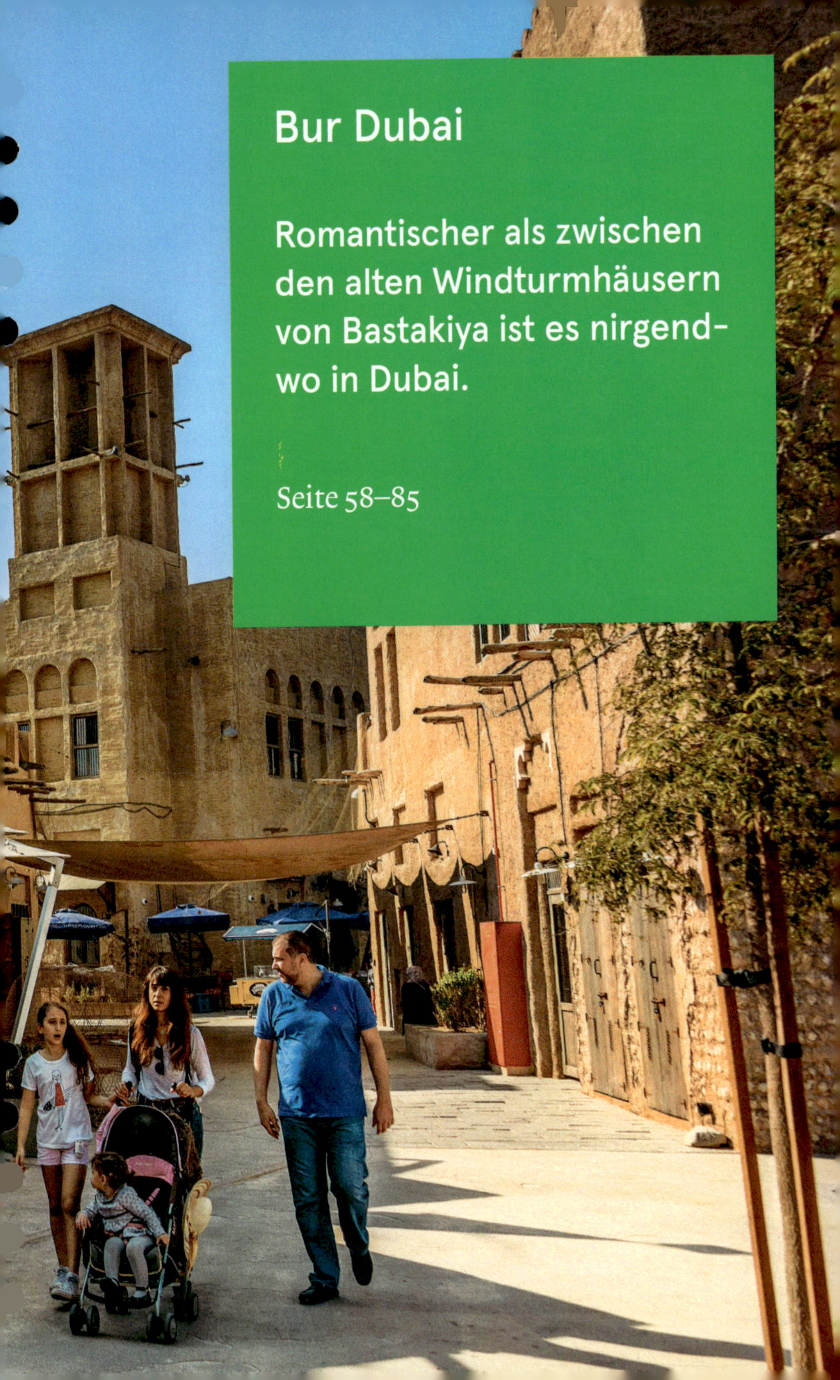

Erste Orientierung

Gegenüber von Deira, auf der anderen Seite des Dubai Creek, liegt Bur Dubai, eines der beiden Altstadtviertel. Vor allem Bastakiya bietet einen getreuen Einblick in das alte Dubai. Das historische Viertel, dessen Gründung am Anfang des 20. Jh.s auf persische Händler zurückgeht, blieb vollständig erhalten. Heute wird es von Boutique-Hotels, Cafés und Kunstgalerien geprägt. Alle Sehenswürdigkeiten sind bequem an einem Tag zu Fuß zu erkunden.

Zwischen den beiden Hauptbrücken des Dubai Creek dehnt sich der Creekside Park, das größte Erholungsgebiet der Innenstadt, aus. Die Parkanlagen erstrecken sich am Ufer auf einer Länge von 2,5 km, es gibt Cafés, Kinderspielplätze und einige Attraktionen: Children's City, Wonderland, das Touristendorf Al-Boom, Novo Cineplex und das Einkaufszentrum Wafi City, die leicht zu Fuß zu erreichen sind, aber auch per Taxi angesteuert werden können. Im grünen Erholungsgebiet von Bur Dubai kann man den ganzen Tag im Freien verbringen.

Dazwischen befinden sich Geschäfts- und Wohngebiete. Im Mittelpunkt Bur Dubais liegt das Wohnviertel Al-Karama, das für seine preisgünstigen Einkaufsmöglichkeiten bekannt ist. Wer ein Chanel-Sonnenbrillenimitat sucht, kann es hier für 10 Dh finden.

Die Restaurants des Viertels sind für ihre lebhafte Atmosphäre bekannt und sehr preiswert – eine willkommene Abwechslung vom eintönigen Hotelbüffet.

Ein anderes schickes Einkaufszentrum von Bur Dubai grenzt an das Viertel Al-Karama. Der Kontrast könnte nicht größer sein: So bodenständig es in Al-Karama zugeht, so glamourös ist das BurJuman Centre. Auf vier Etagen sind Designermarken wie Lacroix, Gaultier, Dior und Alexander McQueen in reicher Auswahl zu haben.

TOP 10

3 ★★ Dubai Museum

4 ★★ Bastakiya

8 ★★ Sheikh Saeed Al-Maktoum House

Nicht verpassen!

15 BurJuman Centre

16 Creekside Park

Nach Lust und Laune!

17 Al-Shindaga Museum

18 Children's City

19 Al-Boom Tourist Village

20 Ras Al-Khor Wildlife Sanctuary

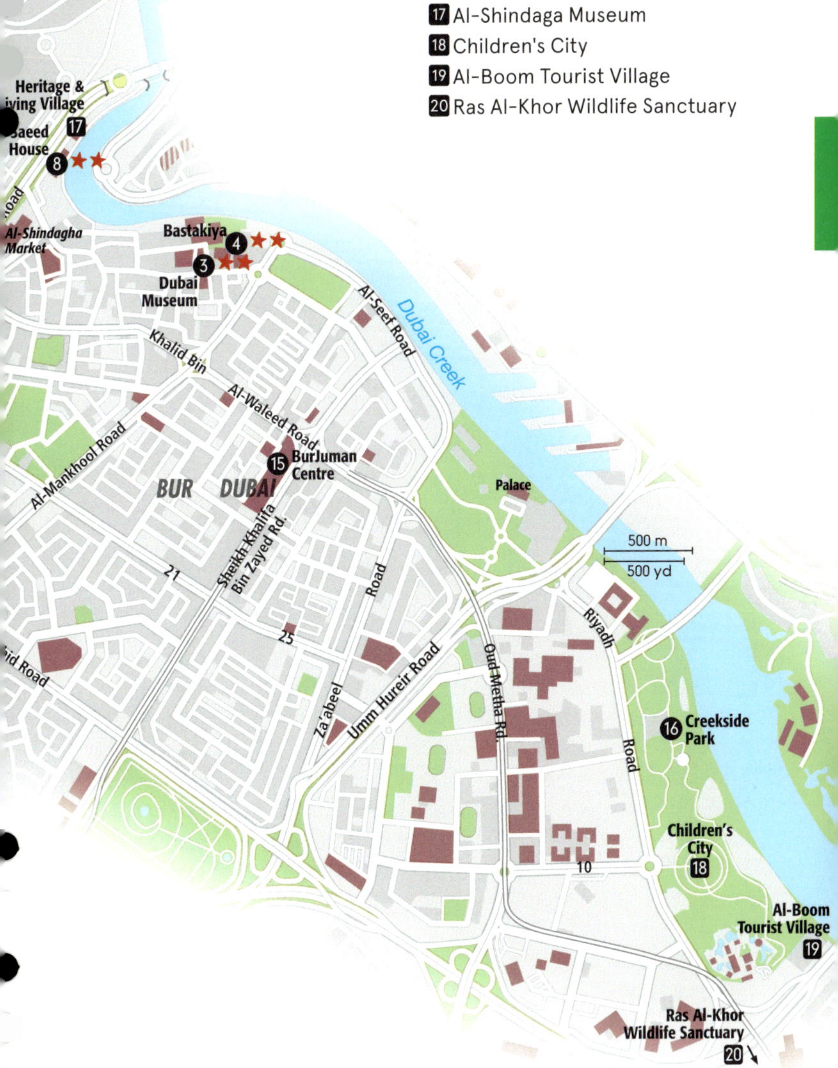

Mein Tag zwischen Kunst & Kultur

Dubai besteht hauptsächlich aus Superlativen, besitzt kaum Kultur? Heute überzeugen Sie sich vom Gegenteil, tauchen tief ein in die altarabische Vergangenheit, schmecken die salzige Luft am Creek, hören das Tuckern schwerer Dieselmotore und gehen in alten Windturmhäusern ein und aus.

9 Uhr: Erst einmal mit der Abra über den Creek setzen

Ein schöneres Verkehrsmittel als die hölzernen Wassertaxis, die rund um die Uhr zwischen der Deira und Bur Dubai-Seite des Creek hin- und hertuckern, gibt es in Dubai kaum. Nehmen Sie Platz zur stimmungsvollsten (und günstigsten) Kreuzfahrt der Stadt und denken daran: Jetzt brauchen Sie Kleingeld, nämlich 5 Dh! Wuselig, eng und etwas unübersichtlich ist es im Bereich der Anlegestelle, eben typisch orientalisch.

10 Uhr: Auf ein Glas Chai

Im alten Handelsgebäude Bayt al-Wakeel, zu erkennen an seinen doppelstöckigen Arkaden im traditionellen Stil und einer großen hölzernen Terrasse, die über den Creek ragt und jetzt ein lebhaftes Café beherbergt, nehmen Sie Platz und ordern erst einmal einen Erfrischung. Köstlich ist hier der mit Kardamom, Milch und reichlich Zucker servierte Tee, Chai genannt. Sie schlendern durch den Old Souk, eine angenehm schattige

17 Uhr: Shopping in Al-Seef, Staunen in Shindagha

9 Uhr: Erst einmal mit der Abra über den Creek setzen

10 Uhr: Auf ein Glas Chai

15 Uhr: Geschichten vom alten Dubai

Über den Creek gelangt man am besten mit einem der Wassertaxis.

Ladengasse. Achten Sie auf die aus Teakholz gearbeiteten Ladennischen, integriert in die zweistöckigen alten Windturmhäuser. Kurz darauf sind Sie in ❹ ★★ Bastakiya. Dessen sensibel restaurierte Altstadthäuser, einst von reichen persischen Händlern aus Korallenkalk erbaut, sind ein tolles Fotomotiv (besonders im Schwarzweiß-Modus ihres Fotoapparates!). Hier bekommen Sie auch noch die alten Windtürme zu sehen, Dubais einstige Klimaanlagen, 100% umweltschonend. Plaketten nennen die Namen der Häuser, und versäumen Sie bloß nicht, einige davon auch zu betreten, die heute entzückende Shops, Galerien und kleine Museen beherbergen.

13 Uhr: Shawarma im Patio

Der Bummel führt Sie weiter zum XVA Arts Café (S. 81). Von außen ist dem Gebäude, dass zum Boutiquehotel umgestaltet wurde, nicht anzusehen, was sich hinter seinen Mauern verbirgt: gleich drei äußerst kreativ gestaltete Innenhöfe.

15 Uhr: Geschichten vom alten Dubai

Jetzt wird's kühl und dunkel: im Al Fahidi-Fort, dem ältesten Befestigungsbauwerk des Emirates und heutigem ❸ ★★ Dubai Museum, wird die Stadt um das Jahr 1950 herum zum Leben erweckt. Zwischen den Feuern wurde hier aus dem Koran gelesen.

Durch die Straßen des alten Dubais vorbei an den Windtürmen (rechts) ... Vielleicht finden Sie im Old Souk (oben) ein schönes Erinnerungsstück. Im XVA Cafè können Sie sich dann von den verschieden Eindrücken erholen (unten).

17 Uhr: Shopping in Al-Seef, Staunen in Shindagha

Langsam füllen sich die Gassen im Al-Seef. Hier gibt es traditionell eingerichtete Shops, Cafés und Restaurants, kleine Galerien. Die imposanten Häuser verströmen alt-arabisch wirkendes Flair, sind aber erst vor wenigen Jahren entstand – anders als der großartig restaurierte Palast von 8 ★★ Sheikh Saeed. Wer mag, kann mit den Strahlen der schon tiefer stehenden Sonne noch weiter nördlich zur Mündung des Creek in den Golf spazieren. Das 17 Heritage Village dort hat allerdings schon seit einigen Jahren geschlossen. Alternativ dazu bietet sich ein Besuch des Al-Shindaga Museums an (S. 78).

20 Uhr: Shishas am Creek

Jetzt wird es Zeit, etwas zu essen. Suchen Sie sich ein schönes Plätzchen in einem der am Creekufer liegenden Freiluft-Restaurants aus, Treffpunkt vieler Familien, die sich Hammour (die lokale Fischspezialität) schmecken lassen.

❸ ★★ Dubai Museum

Warum?	Zeitreise in die Vergangenheit
Was?	Ausstellungen im historischen al Fahidi-Fort
Wie lange?	Zwei Stunden
Wann?	Um die Mittagszeit
Was nehme ich mit?	Das Gefühl, das alte Dubai zu spüren

Das Fort Al-Fahidi ist eine Festung des 16. Jahrhunderts.

Durch ein von Kanonen bewachtes Eingangstor betritt man das Fort Al-Fahidi aus dem 18. Jahrhundert. Es diente zum Schutz der an der Creekmündung siedelnden Händler und Seefahrer. Die Exponate vermitteln ein anschauliches Bild der Stadt von ihren Ursprüngen als Handelsniederlassung und Seefahrersiedlung über die Epochen der Perlentaucher und des Erdölbooms bis hin zur fieberhaften Bautätigkeit der modernen Zeit. Im Innenhof sind historische Schiffe zu sehen, im Innern des Forts befindet sich eine Waffensammlung. Es gibt auch moderne Waffen zu sehen, die sich den Ausstellungsraum mit traditionellen Musikinstrumenten teilen; ein herausragendes Exponat ist hier die Tambura, eine große Langhalslaute. Über den Innenhof mit der europäischen Bronzekanone, die zuletzt im 19. Jh. in Gebrauch war, gelangen Sie zu den unterirdischen Galerien. Hier befinden sich die Abteilungen für Archäologie und Astronomie, Schaubilder über traditionelle Behausungen, ein Souk der 1950er-Jahre und eine Moschee sowie eine Galerie mit historischen Marinefotografien. Eine Abteilung zur jüngeren Vergangenheit beginnt mit der Gründung der Vereinigten Arabischen Emirate 1971 und endet mit dem Bau von Jebel Ali, dem unter Scheich Rashid Bin Saeed Al-Maktoum entstandenen größten Containerhafen der Welt, und der Errichtung des ersten Wolkenkratzers, des Dubai World Trade Centre (S. 107).

Anpassung an die Hitze

Ein einfacher Raum zeigt, wie traditionelle Windtürme (S. 64) zur Kühlung von Wohnräumen dienten und wie enge Gassen sowie versetzte Hauseingänge für kühlenden Schatten sorgten. In der Abteilung über die Beduinen wird auf das harte Leben in der Wüste eingegangen. Eine wichtige Rolle im arabischen Alltag spielen Kamele, die als Lasttiere dienen, Nahrung, Milch und Brennmaterial (aus dem Dung) liefern und sogar als Zahlungsmittel dienen. Sie können zwei Wochen lang überleben, ohne zu trinken, Wasser in einer Entfernung von 2 km riechen und 18 Stunden ohne Pause laufen.

Arbeit und Vergnügen

In der Ausstellung wird das vergangene Leben anschaulich dargestellt.

Besonders faszinierend ist die Abteilung zur Perlentaucherei. Diese wurde rund 1000 Jahre lang hier an der Golfküste betrieben; zu Beginn des 20. Jh.s gab es noch etwa 300 Dhaus, mit denen die Fischer zu den Muschelbänken fuhren. Dort tauchten sie in große Tiefen hinab, wobei sie eine Nasenklammer aus Schildpatt, einen Korb und einen 5 kg schweren Stein als Gewicht bei sich trugen. Um den Kopf wurde das Ende eines Taus geschlungen, mit dem sie sich zurück an die Wasseroberfläche ziehen konnten. In der archäologischen Ausstellung sind Funde aus der Bronzezeit zu sehen. Vor dem Ausgang, der zur Al-Fahidi Street hinausführt, passiert man den Museumsshop (Rundgang ca. 2 Std.).

KLEINE PAUSE

Ganz in der Nähe liegt das schöne **Arabian Tea House**, untergebracht in einem alten Windturmhaus in der Al Fahidi-Street. Nehmen Sie Platz auf den altertümlichen Sitzgelegenheiten im Patio und genießen einen süßen Chai und arabische Süßigkeiten.

---

i

✢ 178 C4 ✉ Al-Fahidi Street
☎ 04 353 18 62
Al-Ghubaiba (Green Line)

● Bei Redaktionsschluss wegen Umbau geschlossen

Windtürme

Es war im 19. Jh., als persische Kaufleute das Wissen um die Technik von Windtürmen an die Wüstenbewohner der heutigen Vereinigten Arabischen Emirate weitergaben. Eine simple Technik mit beeindruckender Wirkung: Der prallen Hitze ausgesetzte Gebäude konnten fortan – ohne Elektrizität – klimatisiert werden. Und: Windtürme sorgen für ein wesentlich angenehmeres Raumklima als moderne Klimaanlagen.

1 Vier konkave Öffnungen fangen auch den geringsten Luftzug ein (egal, aus welcher Richtung er strömt) und komprimieren den Wind im oberen Bereich des Windturms.

2 Über ein ausgetüfteltes Schachtsystem wird die Luft nach unten geführt. Dabei kühlt sie sich ab.

3 Unterseitige Öffnung Die abgekühlte Luft dringt in die Räumlichkeiten ein. Oftmals streicht der Wind über ein am Boden befindliches Wasserbecken, das durch die Verdunstung zusätzlich Kühlung verschafft. Dadurch wird ein angenehmes Raumklima geschaffen.

©BAEDEKER

❹ ★★ Bastakiya

Warum?	Flanieren zwischen alten Windturmhäusern
Was?	Kleine Museen, Galerien und Cafés
Wie lange?	Zwei Stunden
Wann?	Vor dem Lunch oder dem Abendessen
Was nehme ich mit?	Einen Pashmina-Schal und tolle Fotos

Das Altstadtviertel (Al-Fahidi Historic District) am Ufer des Dubai Creek entstand um 1900 als Siedlung persischer Händler. Wie in einem Freilichtmuseum wurde hier ein kleiner Teil der historischen Stadt erhalten, der zurzeit aus rund 50 Baudenkmälern besteht. Ein besonders eindrucksvolles Bild davon gewinnen Sie bei einem Abendspaziergang, wenn sich lange Schatten über das Viertel legen, die Düfte aus den arabischen Restaurants nach draußen dringen und Dhaus wie seit Jahrhunderten übers Meer segeln.

Alle Bauwerke wurden nach derselben Methode aus Korallen und Gipsmörtel errichtet. Ein auffallendes Merkmal der Architektur sind die altertümlichen Klimaanlagen, die Windtürme (S. 68); sie leiteten kühlende Luftströme ins Innere des Hauses. Heute beherbergen sie Kunstgalerien, Museen, Geschäfte und Restaurants. Das Sheikh Mohammed Centre for Cultural Understanding (S. 71) in Bastakiya veranstaltet Kultur-Brunchs, Jumeirah-Moschee-Touren und geführte Spaziergänge, die einen Einblick in das Leben in den Emiraten geben. Bastakiya ist auch ein frühes Beispiel für das vorausplanende Denken der Herrscher von Dubai. Wie damals den persischen Händlern Steuervergünstigungen und eine einfache Einreise zugesichert wurden, so fördert die heutige Regierung die Zuwanderung. Man kann das Viertel bei einem Spaziergang am Ufer des Dubai Creek erkunden und einen Abstecher zu den benachbarten Sehenswürdigkeiten machen. Die Gegend ist zum größten Teil verkehrsberuhigt und bietet somit etwas Erholung vom sonstigen Großstadtverkehr.
In der Nähe befindet sich ein guter Ausgangspunkt für Bootsfahrten auf dem Dubai Creek.

Persische Händler lebten und arbeiteten in Bastakiya.

Windtürme sorgen für angenehmes Klima ohne aufwendige Technik.

Islamische Schreibkunst

Das Calligraphy House in Bastakiya ist der islamischen Schreibkunst gewidmet. Traditionell lehrt diese Kunst der Vater dem Sohn; heute machen sich zunehmend Frauen die Schönschrift zu eigen, die zur Verzierung der Moscheen und heiligen Bücher des Islam dient. In der Kalligrafie gibt es zwei Aspekte: das eigentliche Schreiben eines Buchstabens und die Verzierung eines Werks.

KLEINE PAUSE

In einem der Innenhöfe der **XVA Gallery**, einem außergewöhnlichen Boutiquehotel mit stimmungsvollem Café-Restaurant, ist immer ein Plätzchen zu ergattern. Lassen Sie sich inspirieren von der kunstsinnigen Umgebung.

---

178 C4 ✉ Al-Fahidi Street
Al-Ghubaiba (Green Line)

Sheikh Mohammed Centre for Cultural Understanding
☎ 04 353 66 66 🌐 www.cultures.ae
Mi–Mo 10–19.30 Uhr
65 Dh, Reservierung empfohlen

8 ★★ Sheikh Saeed Al-Maktoum House

Warum?	In früheren Jahrzehnten sozusagen das Capitol der Wüstenstadt
Was?	Für ein halbes Jahrhundert Zuhause und Regierungssitz von Sheikh Mohammeds Großvater
Wie lange?	Ein knappes Stündchen
Wann?	Am frühen Nachmittag
Was nehme ich mit?	Einen Blick auf den Geburtsort des modernen Dubai

Das Sheikh Saeed Al-Maktoum House ist eines der ältesten Bauwerke Dubais.

Die Residenz von Scheich Saeed Al-Maktoum, Herrscher von Dubai in den Jahren 1912 bis 1958 und Großvater des jetzigen Emirs, wurde 1896 auf der Landzunge Shindagha in traditionellem islamischen Stil errichtet und vor einigen Jahren komplett restauriert.

Die Windtürme des Lehmpalastes, die reichen Holzschnitzarbeiten, die Balkone und der schattige Innenhof vermitteln einen Eindruck von der Pracht, mit der man die Häuser auch vor dem Erdölboom ausstatten konnte. Ein Museumsführer erkärt die Herkunft der Herrscherfamilie, die sich von einem Beduinenstamm aus der Gegend von Abu Dhabi ableitet ...

Die Inneneinrichtung des Hauses zeigt sich farbenfroh.

Sehenswertes

Besonders interessant sind die im Al-Maktoum-Flügel ausgestellten Schwarz-Weiß-Fotografien der Herrscherfamilie und anderer Persönlichkeiten der Emirate aus dem ersten Drittel des 20. Jh.s sowie seltene Alltagsaufnahmen in Dubai zwischen 1948 und 1953. Im Münz- und Briefmarkenflügel sind Münzen aus den Emiraten und anderen Ländern der Arabischen Halbinsel ausgestellt, die ältesten stammen vom Ende des 18. Jahrhunderts. Dem Arabischen Golf gewidmet ist die im Marine Wing untergebrachte Ausstellung mit Fotos von Perlenfischern und altertümlichen Dhaus, maßstabsgetreuen Schiffsmodellen von Abras, Fischerbooten und Dhaus sowie Gerätschaften, die zur Perlenfischerei benutzt wurden. Ein weiterer Raum ist dem sozialen, kulturellen und religiösen Leben im Dubai der 1950er-Jahre gewidmet. Sehr schön ist der Blick auf den Creek von der Terrasse im ersten Stock.

KLEINE PAUSE

Packen Sie sich etwas zum Trinken ein, ggf. auch einen kleinen Imbiss und nehmen Sie Platz auf einer der Bänke mit Blick auf den Creek, wunderbar zum Beobachten der vielen Abras und Wassertaxis, die dort rund um die Uhr unterwegs sind.

i

178 C4 Al-Shindagha
043937139
Sa-Do 8-20.30, Fr, Sa 10-24 Uhr
5 Dh
Al-Ghubaiba (Green Line)

⓯ BurJuman Centre

Warum?	Zwischen Locals und Haute Couture
Was?	Luxusshopping in bester Citylage
Wie lange?	Solange die Shoppinglaune anhält
Wann?	Um die Mittagszeit, wenn es draußen zu heiß wird
Was nehme ich mit?	Saks 5th Avenue könnte eine neue Lieblingsadresse unter den Shops werden!

Beim Betreten des Einkaufszentrums erliegt manch einer einer optischen Täuschung. Je weiter man vordringt, desto mehr scheinen sich die Perspektiven ins Übergroße zu verschieben. Nach mehreren Erweiterungen findet man auf einer Fläche von 72 000 m² mehr als 300 Geschäfte.

Im BurJuman Centre finden Sie eine gelungene Mischung exklusiver Marken – Dior, Lacroix, Dolce & Gabbana u. v. a. – und erschwinglicheren wie Gap und Zara. Wer auf der Suche nach lässiger Mode ist, wird bei Diesel, Levi's oder Quicksilver fündig. Nach einem Einkaufsbummel bieten sich eine Menge Fastfoodrestaurants, Cafés und Restaurants zur Auswahl an. In der obersten Etage, die mit einem Fahrstuhl zu erreichen ist, sind mehrere um einen Dachgarten gruppiert.

Wer auf Markenklamotten achtet, wird im BurJuman Centre fündig.

KLEINE PAUSE

Ganz köstlich sind die Datteln mit Schokoladenüberzug oder als Trüffeln. Genießen Sie einheimische Früchte verzaubert in eine süße Verführung der Chocolatiers von **Bateel** mitten im Einkaufszentrum.

ⓘ
178 C3
Trade Centre Road
04 35 20 222 www.burjuman.com
So–Do 10–22, Fr, Sa 10–24 Uhr, einige Läden öffnen freitags später
Bur Juman (Red/Green Line)

⑯ Creekside Park

Warum?	Rein in die Sneakers!
Was?	Joggen im Park und entlang des Creek
Wie lange?	Eine halbe Stunde bis einen halben Tag
Wann?	Gleich nach dem Frühstück
Was nehme ich mit?	Tolle Fotos von der Skyline
Was noch?	Beim nächsten Besuch ein Rad ausleihen

Ein Freizeitpark für jeden Geschmack: Sportliche können einen 2,5 km langen Uferweg auf Leihfahrrädern erkunden. Gartenfreunde werden sich für die Themengärten interessieren, in denen weit über 280 Pflanzenarten wachsen. Landschaftsliebhaber freuen sich über sensationelle Ausblicke. Familien finden auf den weiten Grünflächen viele Freizeit- und Spielmöglichkeiten vor.

Im Creekside Park ragen Banyanbäume in die Höhe.

Der gepflegte Stadtpark im Süden der Bur-Dubai-Seite des Creek, zwischen der Al-Maktoum- und der Al-Garhoud-Brücke gelegen, gehörte zu den Lieblingsprojekten der Dubaier Herrscherfamilie Maktoum, die das Emirat in eine grüne Oase verwandeln wollte. Etwa 100 Mio. Dh kostete seine Anlage. Planer aus aller Welt schufen ein attraktives Freizeit- und Erholungszentrum mit vielen Bäumen, üppigen Blumen und Rasenflächen. Am besten durchwandert man den Park der Länge nach auf den beschilderten Wegen. Dabei entdeckt man vielleicht die Skulptur

Rings of Friendship, ein Geschenk US-amerikanischer Auswanderer. Pagoden und Landschaftsgärten liegen verborgen in der Hügellandschaft des Parks, in einem Wüstengarten sind heimische Wüstenpflanzen zu sehen, in einem Palmenhain stehen traditionelle arabische Wachtürme. An den Wochenenden kommen viele Familien zum Grillen und Sonnenbaden in den Park. Kinder werden begeistert sein von der Children's City (S. 78) mit ihren interaktiven Lernangeboten zum menschlichen Körper und anderen naturwissenschaftlichen Themen oder vom Dubai Dolphinarium.

KLEINE PAUSE

Wenn Sie nicht gleich im Park in einem der Cafés eine Kleinigkeit essen wollen, lohnt es sich ins ca. 1,6 km entfernte **Wafi Centre** zu fahren, einer Mall in Form der ägyptischen Pyramiden. Im Untergeschoss erwartet Sie ein toll gestalteter Souk mit angenehmen Cafés und SB-Restaurants.

Im Creekside Park kann man gut entspannen, picknicken und spielen.

i

178 C1 Riyadh Road
Sa–Mi 8–23, Do, Fr 8–23.30, Juli/Aug. tägl. 17–21 Uhr
5 Dh
Oud Metha (Green Line)

Dubai Dolphinarium
Creek Park, Gate 1
Mi–Mo 10–19.30 Uhr
Erw./Kinder 100/50 Dh
www.dubaidolphinarium.ae

Ein Garten am Creek

Dubai kann ganz schön anstrengend sein. Zum Glück gibt es den Creekside Park mit Banyanbäumen wie in Indien, üppigen Palmen und tropischen Blumen. Kommen Sie während der Woche vormittags, dann sind Sie sozusagen mit den Gärtnern allein. Die wenigen Besucher zieht es dann eher zum Selfie-Machen an den Creek, nach kurzer Zeit sind Sie frisch und bereit für neue Entdeckungen in der City.

Nach Lust und Laune!

17 Heritage & Diving Village/ Al-Shindaga Museum

Wer keine Gelegenheit hatte, das Dubai Museum zu besuchen, fand im Heritage & Diving Village anschauliche Informationen über die mühevolle Arbeit der Perlentaucher. Allerdings sind beide Museumsdörfer nun schon seit einigen Jahren geschlossen, weshalb sich rund 250 Meter südlich vom Sheikh Saeed Al-Maktoum House ein Besuch des Al-Shindaga Museums anbietet: Shindaga ist eines der ältesten Viertel Dubais in bester Creek-Lage, traditionell der Wohnort der Herrscherfamilie. In mehreren traditionellen Bauwerken tauchen Besucher tief ein in die Geschichte des Emirats. Das Parfume House verführt mit den Wohlgerüchen des Orients und zeigt die Kunst der Herstellung duftender Öle sowie der Produktion von Oud, kostbarem Weihrauch. Im kleinen Creek Museum wird die Entwicklung der traditionellen Lebensader Dubai veranschaulicht. Weitere interaktive Ausstellungen machen mit der Glaubenswelt des Islam vertraut, zeigen die untergegangene Kunst des Perlentauchens am Golf. Auch für Kinder ist ein Besuch sehr kurzweilig.

178 C4 Al-Shindagha www.alshindaga.dubaiculture.gov.ae Sa bis Do 10–18, Fr 14.30–21.30 Uhr 5 Dh Al Ghubaiba (Green Line)

18 Children's City

Frech und bunt: die Children's City ist ein pädagoischer Themenpark, der Kinder aktiv unterhalten möchte. Während der Ferien wird es hier sehr voll. Das Innere besteht aus gut durchdachten Spielzonen zu interessanten Themen wie menschlicher Körper, Physik, Kulturen der Welt, Natur, Computer und Weltraum. Alle Abteilungen bieten Möglichkeiten zu Interaktion und Spiel. Es gibt einen Vorführraum mit 300 Plätzen und ein Planetarium. Das Projekt wird vom Weltmuseumsrat der UNESCO gefördert; ein ausführlicher Rundgang lohnt sich.

178 B/C1 Creekside Park
04 33 40 808
Mo–Fr 9–19, Sa, So 11–16, im Ramadan 20–1 Uhr
15 Dh, Kinder 10 Dh Oud Metha (Green Line)

19 Al-Boom Tourist Village

Das Touristendorf dient hauptsächlich als Standort eines der großen Veranstalters von Hochzeitsfeiern und Bootsfahrten auf dem Dubai Creek; die Dhaus haben eine Kapazität von 20 bis 300 Plätzen. Empfehlenswerter ist es, eine Fahrt in einer Dhau vom Deira-Ufer oder von der Al-Seef Road aus zu unternehmen.

180 B/C4 Al-Garhoud Bridge
04 32 43 000
www.alboom.ae
Al-Jedaf (Green Line)

Natur trifft auf Großstadt: Die rosafarbenen Flamingos im Kontrast zu der aufstrebenden Metropole.

20 Ras Al-Khor Wildlife Sanctuary

In Dubai überwintern Hunderte von Vogelarten. Besonders das Südende des Dubai Creek wurde zum bevorzugten Lebensraum für Zugvögel, da die seichten Uferränder reich gefüllte Nahrungsspeicher darstellen. Von Februar bis April und dann wieder von September bis November ist das 6 km² große Naturschutzgebiet ein guter Standort für die Vogelbeobachtung. Der Meeresarm weitet sich hier nämlich zu einem flachen See mit mehreren kleinen Inseln – eine paradiesische Umgebung für Wattvögel. Bislang wurden 88 verschiedene Vogelarten identifiziert, die sich von drei Beobachtungstürmen erspähen lassen: zwei abseits der Oud Metha Road, ein dritter nahe der Ras Al-Khor Road. Diese sind mit Ferngläsern und Teleskopen ausgestattet. Eine Kopfbedeckung ist zu empfehlen. Am auffälligsten sind die in kräftigem Rosa leuchtenden Flamingos, die der Herrscher von Dubai, Scheich Mohammed Bin Raschid Al-Maktoum, mit karotinhaltiger Nahrung füttern lässt, damit ihr Gefieder auch weiterhin so schön leuchtet. Für den Schutz dieser in den 1980er-Jahren noch bejagten Tiere wurde Ras Al-Khor 1993 als Reservat ausgewiesen. Im Winter, wenn die Zugvögel eingetroffen sind, ist die beste Zeit für einen Besuch des Naturreservats.

185 D/E3 Ras Al-Khor Road, Zugang über die Bukadra Interchange auf der Dubai Al-Ain Road
04 606 68 22
www.rasalkhorwildlife.ae frei (große Gruppen nach Vereinbarung)
Creek (Green Line)

Wohin zum … Übernachten?

Preise für ein Doppelzimmer pro Nacht:

€	unter 700 Dh
€€	700–1500 Dh
€€€	über 1500 Dh

Arabian Courtyard Hotel & Spa €€
Gut gelegen zur Erkundung des »alten« Dubai: Museum, Bastakiya-Viertel und Souks. Von den großzügigen Zimmern hat man einen wunderbaren Blick über den Dubai Creek. Gut ausgestattetes Businesscenter. Die ausgezeichneten Restaurants, Mumtaz Mahal (indisch) und Silk Route (thailändisch/chinesisch), lassen keine Wünsche offen.
178 C4 Al-Fahidi Street, gegenüber Dubai Museum, Bur Dubai 043519111
www.arabiancourtyard.com

Four Points by Sheraton €€
Mit nur 125 Zimmern ist dieses Hotel der mittleren Kategorie für Geschäfts- und Urlaubsreisende gleichermaßen attraktiv. Es gibt zwei Bars und drei Restaurants, eines davon, das Antique Bazaar, ist ein exzellenter Inder. Zu den sonstigen Annehmlichkeiten gehören noch ein Pool im Freien, ein Fitnesscenter und überdachte Parkplätze.
178 C4 Mankhool Road, 4C Street
043543333
www.fourpointsdowntowndubai.com

Golden Sands Hotel Apartments €€
Zahlreiche Supermärkte lassen die Selbstverpflegung in Dubai als realistische Alternative erscheinen. Das Apartmenthotel ist eine komfortable Wahl in Bur Dubai. Es gibt Studios mit einem oder zwei Zimmern, Kochnische, Klimaanlage und Raumpflege. Die Einrichtung ist funktionell: Fernseher, Telefon und Kücheneinrichtung sind inbegriffen. Ein kostenloser Shuttlebus fährt nach Jumeirah, auf dem Hotelgelände gibt es Swimmingpools.
178 B3 Mankhool Road
043555553
www.goldensandsdubai.com

Grand Hyatt Dubai €€€
Allein ein Blick von oben auf den riesigen Hotelbau (674 Zimmer und 13 Restaurants auf einer Fläche von 15 ha) lässt erkennen, dass der Umriss des Hotels dem arabischen Schriftzug für »Dubai« nachgebildet ist. Von diesem Detail abgesehen, ist das Hotel so groß, dass es eine Welt für sich darstellt: Jeden Abend kann man ein anderes

In der Level 43 Sky Lounge, das sich auf dem Dach des Four Points by Sheraton befindet, lässt sich der Abend über den Lichtern der Stadt gut ausklingen.

Restaurant ausprobieren. Gäste können eine hoteleigene Leichtathletikbahn, drei Swimmingpools, vier Tennisplätze und ein Fitnessstudio zur sportlichen Betätigung nutzen. Die Betreuung ist gut. Es ist eines der besseren Resorthotels im Stadtzentrum (die meisten befinden sich in Strandnähe). Geschäfts- und Freizeiteinrichtungen sind voneinander getrennt, damit die Gäste hier ungestört bleiben.
178 B1 Oud Metha Road
04 317 12 34
www.dubai.grand.hyatt.com

Orient Guesthouse €
Die charmante kleine Pension in den Gassen von Bastakiya, eines der wenigen Boutique-Hotels Dubais, ist in einem der typischen renovierten alten Hofhäuser untergebracht. Fünf komfortable Zimmer gruppieren sich um zwei Innenhöfe. Fehlende Aircondition – im Winter, wenn eine angenehme Brise weht, kaum vermisst – macht sich im Sommer durch leichte Schwüle bemerkbar. Die Lage ist gut für Besichtigungen, denn sowohl das Dubai Museum als auch die Galerien des Bastakiya-Viertels befinden sich um die Ecke, der Dubai Creek und die Souks sind nur fünf Minuten entfernt. Die Einrichtungen (Fitnessraum, Spa und Restaurants) des Mutterhauses Arabian Courtyard können mitbenutzt werden.
178 C4 Al-Fahidi Roundabout
04 351 91 11
www.heritagedubaihotels.com

Raffles €€€
»Wahrer Luxus liegt nicht in dem, was man tut, sondern wie man sich fühlt« ist ein Motto der Raffles-Hotel. Und wie schon im legendären Raffles-Singapur, so könnten die (äußeren) Bedingungen dafür, dass man sich hier großartig fühlt, nicht besser sein. Das als 19-stöckige Pyramide erbaute Hotel mit Blick auf den Burj Khalifa gehört seit Jahren zu den Landmarks der Stadt, Gäste werden mit großzügigen Zimmern und Suiten sowie Butler-Service verwöhnt, der mehrmals tägliche für kleine kulinarische Aufmerksamkeiten sorgt, auf Wunsch Konzertkarten besorgt, einen guten Platz im Restaurants bucht. Und ein Erlebnis für sich ist das morgendliche Frühstücksbüffet.
178 C4 Sheikh Rashid Road
04 3 24 88 88 www.raffles.com/dubai

XVA €€
Bilder lokaler Maler ebenso wie moderne Kunstobjekte, z. T. auch historisches arabisches Kinderspielzeug, leere Chanel-Parfümflaschen und ähnlich exzentrische Dekorationen schmücken die 14 Zimmer in unterschiedlichen Größen, die von den drei Innenhöfen des historischen Windturmhauses abgehen. Das von der Inhaberin Mona Hauser kreierte Kunsthotel ist eine ideale Adresse für Gäste, die die authentisch orientalische Unterkunft in Dubais historischem Bastakiya-Viertel schätzen. Die von Bäumen und Stoffdekorationen beschatteten, ebenfalls künstlerisch gestalteten Patios, dienen z. T. als Café und als Frühstückstreff der Gäste.
178 C4 Al-Musalla / Al-Fahidi Roundabout, Bastakiya
04 353 53 83 www.xvahotel.com

Wohin zum … Essen und Trinken?

Preise für ein Hauptgericht (ohne Getränke und Service):

€	unter 60 Dh
€€	60–120 Dh
€€€	über 120 Dh

Antique Bazaar €€
Das Restaurant zählt zu den besten Indern Dubais und befindet sich im zweiten Stock des Hotels Four Points by Sheraton (S. 80). Es hat treue indische Stammgäste, die auch durch die Livemusik angezogen werden. Zu den meist nordindischen Spezialitäten gibt es auch indische Biere.
178 C4 Four Points by Sheraton
04 397 74 44
www.antiquebazaar-dubai.com
tägl. 12.30–15.30, 18–24 Uhr

Asha's €€
Dieser hervorragende Inder trägt den Namen der Bollywood-Legende Asha Bhosle und bietet eine ausgewogene Mischung traditioneller nordindischer Gerichte, zeitgemäßer Interpretationen beliebter Klassiker und origineller Experimentalküche – stilvoll serviert in einem sagenhaften Ambiente. Das Restaurant ist ein Muss für Anhänger indischer Küche.
178 B1 Pyramids, Wafi City
04 3 24 41 00
www.asharestaurants.com/dubai
tägl. 12.30–24 Uhr

Awtar €€€
Genau der richtige Ort für einen libanesischen Abend mit einem ausgedehnten arabischen Bankett: endlose Variationen von Mezze (Vorspeisen), Schalen mit saftigem Grillfleisch, opulente Desserts von Baklava bis hin zu frischen Früchten, begleitet von einer Musikgruppe und einer Bauchtänzerin. Halten Sie es wie die Einheimischen: Bestellen Sie nicht zu früh einen Tisch (ab 22 Uhr), und richten Sie sich auf einen langen Abend ein.
178 B1 Grand Hyatt Dubai, Al-Qataiyat Road 04 3 17 22 21
Di–So 19.30–3 Uhr

Arabian Tea House €
Im schattigen Innenhof eines alten Stadtpalais mit Windturm gelegen ist diese lokale Institution: Hier lässt man sich opulente frische Salate schmecken oder als perfekten Durstlöscher einen großen »Basta Special« von Restaurantchef Farah bringen, mit Minze und Limonensaft. Am Rand des Bastakiya-Viertel gelegen, nicht weit vom Dubai Creek, nahe dem Dubai Museum, perfekt für eine erholsame Rast.
178 C4 Al-Fahidi Street, Bastakiya 04 3 53 50 71
tägl. 7–23 Uhr

Barjeel Al Arab €€
Besonders stimmungsvoll ist die Atmosphäre hier am späten Nahmittag, wenn die tiefer stehende Sonne den nahen Creek in goldenes Licht taucht. Serviert werden orientalische Spezialitäten wie Hoummus, Tabouleh und Oliven, dazu mariniertes Lammfleisch vom Holzkohlengrill und üppige Salate. Auch Veganer finden einige köstlich gewürzte Gerichte wie lentil soup (Linsensuppe) oder Hirsebällchen in Tomaten-Zwiebelsauce.
178 C4 Bastakiya, Al Ghubaiba Road
04 3 54 44 24 tägl. 8–23 Uhr

Local House €
Garten-Restaurant im orientalischen Stil, vom Camel-Burger (mit Kamelfleisch) zum Mango-Lassi und köstlichen Desserts mit Rosenwasser und Pistazien: Hier muss man schnell sein, wenn ein Tisch frei wird, oder früh kommen.
178 C4 51 Al Bastakiya, al Fahidi Neighbourhood 052 2 58 18 30
tägl. 9.30–22 Uhr

Peppercrab €€€
Als eines der wenigen Lokale, die Singapurküche anbieten, ist das stilvolle Peppercrab seit Langem populär. Wer sich nicht daran stört, dass die Hummer mitunter aus Norwegen, die Krebse aus Australien stammen, kommt in den Genuss bester Fisch- und Meeresspezialitäten, die – für europäische Gäste – eher ungewohnt, mit einer Vielzahl an exotischen Gewürzen zubereitet werden. Probieren Sie die legendäre, mit reichlich schwarzem Pfeffer gebratenen Pepper crabs, serviert mit süß-sauer schmeckender Jackfrucht-Sauce.
178 B1 Grand Hyatt Dubai, Al-Qataiyat Road 04 3 17 22 21
Mi–Mo 19.30–23.30 Uhr

Seville's €€
Köstliche Tapas mit Unterhaltungsprogramm – das wird im spanischen Restaurant mit Bar geboten. Ein Flamencogitarrist begleitet das abendliche Essen im Restaurant oder auf der Dachgartenterrasse. An Winterabenden, wenn reichlich Cocktails serviert werden, wird die Atmosphäre erst richtig spanisch.
178 B1 Wafi City
04 3 24 41 00 tägl. 13–1 Uhr

Ausgefallene Stiefel? Im BurJuman Centre gibt es einige kuriose Stücke – auch aus Kunstleder.

Wafi Gourmet €€
Schon dieses Deli-Restaurant, wo man drinnen oder draußen sitzt, lohnt den Besuch des Wafi Centre. Libanesische Küche mit arabischen Ingredienzien, wechselnde Tagesgerichte oder Klassiker in delikater Zubereitung: Mezze (Vorspeisen), Fleisch oder frischer Fisch vom Grill und honigsüße Desserts. Statt Alkohol trinkt man wunderbar frische Säfte.
178 B1 Wafi Centre
04 324 44 33 tägl. 10–1 Uhr

Wohin zum ... Einkaufen?

BurJuman Centre
Im höchst exklusiven BurJuman Centre geht es vor allem um Haute Couture, daneben gibt es aber auch Geschäfte für Schmuck, Möbel, Kindermode, Kosmetik, Elektrogeräte, Bücher und Musik. Aushängeschild ist **Sak's 5th Avenue**. Neben dem amerikanischen Edelkaufhaus behaupten sich renommierte Namen wie Banana Republic, Calvin Klein, Donna Karan, Guess, Kenzo, Cavilli, Laura Ashley, Loewe, Monsoon, Ralph Lauren, Paul Smith, Whistles, Valentino und Versace.

Das **Al-Oroba Oriental Arts** ist eines der wenigen Geschäfte für Antiquitäten und qualitätvolles arabisches Kunsthandwerk wie silberne **Khanjars** (Krummdolche) und Beduinenschmuck. Zudem gibt es hier eine große Auswahl an Gebetsketten, ziselierten Kaffeekannen und Tabletts, attraktiven Keramiken, persischen Miniaturen und wertvollen Teppichen. Bitten Sie um ein entsprechendes Zertifikat, wenn Sie sicher sein möchten, ein echtes altes Stück zu erwerben.
178 C3 Trade Centre Road
04 352 02 22 www.burjuman.com
tägl. 10–22 Uhr

Karama Shopping Komplex
Im Karama Shopping Complex findet man preisgünstige (imitierte) Markenprodukte sowie Kunsthandwerk und Souvenirs. Die Verkaufstaktik der Händler ist nicht übermäßig aufdringlich, solange man kein deutliches Kaufinteresse zeigt. Das Viertel Karma schließt sich unmittelbar ans BurJuman Centre an der Sheikh Khalifa Bin Zayed Road an, gleicht aber einer anderen Welt. Anstatt 6000 Dh bezahlt man hier nur 60 Dh für eine »Designeruhr«.

Lamcy Plaza
Erfolgversprechender für Schnäppchenjäger als die benachbarte Wafi City ist dieses Einkaufszentrum auf fünf Etagen. Einheimische und Expatriates kaufen hier gern preiswert die Dinge des täglichen Bedarfs. Für Kinder gibt es einen Spielpark. Der Schwerpunkt liegt weniger auf klingenden Namen als auf Nützlichkeit; es gibt eine Apotheke, eine Post, eine Wechselstube und sogar eine Fahrschule.
178 A2 bei der Kreuzung Sheikh Rashid Road / Umm Hurair Road
04 335 99 99 www.lamcyplaza.com
Do–Fr 10–24, Sa–Mi 10–22 Uhr

Wafi City
Zwei gewaltige Sphinx-Statuen im Eingangsfoyer der kleinen, luxuriösen Shopping Mall, Pharao-Skulpturen und mit Hieroglyphen verzierte Säulen sind das Kennzeichen der Wafi City, zu dem neben der Mall auch noch

das Raffles Hotel sowie der im Untergeschoss liegende Khan Murjan Souk gehören, eine ganz im altarabischen Stil designte Replik der einst für Dubai und die gesamte Region so typischen Verkaufsgassen. Heute gibt es hier allerdings eher hochpreisige Souvenirs im orientalischen Stil: marokkanische Laternen und Windlichter, Sitzkissen aus Rajasthan, Kamele aus Bronze und Pashminatücher aus Nordindien. Es duftet verführerisch nach Weihrauch und Kardamom und die stets lächelnden Verkäufer haben nichts daran auszusetzen, dass Besucher sich hier eher umschauen als viel zu kaufen. Von Chanel zu Versace: in der Wafi Mall hingegen geben Designernamen den Ton an, obwohl auch Marks & Spencer eine große Verkaufsfläche in der ersten Etage einnimmt. Man findet Geschäfte von Gianfranco Ferre, Chanel, Aigner, Calvin Klein, Pierre Cardin, Strellson und Cerruti, während die funkelnden Schaufensterauslagen von Graff, Swarovski und Tiffany & Co. vollauf genügen, auch die kritischsten Passanten zu faszinieren. Und: Zwischen den großen Namen finden Sie auch ein paar außergewöhnliche Geschäfte.
Zwei Boutiquen im Erdgeschoss, heben sich von der Masse ab: Die italienische Designerin Mariella Burani (Tel. 04 3 24 52 45; Sa–Do 10–22, Fr 16–22 Uhr) zeigt farbenprächtige Kleidungsstücke. Oilily (Tel. 04 3 24 23 35; Sa–Do 10–22, Fr 16–22 Uhr; www.oilily world.com), eine Einführung in den Chic à la Bohème für Kinder bis zwölf, bietet gemusterte Strickwaren, zeitlos bedruckte Stoffe und handbestickte Taschen.
178 B1 ☎ 04 3 24 45 55
www.waficity.com

Wohin zum … Ausgehen?

BARS UND CLUBS

Cooz
Freunde des Mellow-Jazz kommen in dieser schicken Cocktailbar des Grand Hyatt auf ihre Kosten, wo sich die Jazzszene der Stadt regelmäßig zu Livesessions versammelt (intimes Ambiente mit dunklen Wänden, bequemen Sesseln und Kerzenlicht sowie eindrucksvoller Cocktailkarte).
178 B1 Grand Hyatt Hotel
☎ 04 3 17 12 34 Di–So 18–2 Uhr

Vinoteca
Hier fühlen sich europäische Expatriates wie zuhause, besonders an heißen Sommerabenden schätzt man die ebenso stylishe wie erfrische Atmosphäre dieser Weinbar. Sardischer Cannonau und bester Jahrgangsweine aus der Toskana wie dem Piemont und Umbrien: Da mag man mehr als nur ein Glas bestellen.
178 B1 Grand Hyatt Hotel
☎ 04 3 17 12 34
tägl. 12.30–0.30 Uhr

WELLNESS

Aroushi Beauty Salon & Spa
Besonders bei Expatriates beliebt, bietet dieser populäre kleine Spasalon mit meist indischem Personal günstiger als die meisten Hotels Maniküre, Haar-, Körper- und Gesichtsbehandlungen (darunter temporäre Henna-Hand-Tattoos) neben Massagen aller Art. Ausschließlich für Damen, immer sehr gut besucht, deshalb unbedingt einige Tage im Voraus reservieren.
178 A2 Behind Lamcy Plaza, Oud Metha
☎ 04 3 36 27 94 www.aroushibeautysalon.com Sa–Do 10–20.30, Fr 15–21 Uhr

Cleopatra's Spa
Vom »Balinese Coffee Ritual«, einer entspannenden Behandlung mit Körperpeeling und anschließender Ölmassage zu Reflexology, ayurvedischen Kopf- und schwedischen Ganzkörpermassagen: in diesem, seit über einem Jahrzehnt renommierten Spa werden Frauen in anspruchsvoll gestalteter Umgebung verwöhnt. Probieren Sie das »Herbal Hammam«, ein marokkanisches Dampfbad mit anschließender Massage, einfach himmlisch. Im angeschlossenen Pharao's Club trainieren Frauen an modernsten Fitnessgeräten.

⊹ 178 B1 ✉ Wafi City ☎ 04 324 00 00
⊕ www.cleopatrasspaandwellness.com
● Damen: tägl. 9–21 Uhr; Herren (separater Eingang): tägl. 10–21 Uhr

KULTUR

Novo Cineplex

In diesem gigantischen Kinokomplex in der Nähe von Wafi City und Creekside Park stehen zwölf Kinoleinwände und die aktuellsten Filmproduktionen aus Holly- und Bollywood zur Auswahl.
⊹ 178 B1 ✉ Umm Hurair Road
☎ 04 324 20 00 ⊕ www.novocinemas.com

Majlis Gallery

In der ältesten und bekanntesten Kunstgalerie Dubais sind die Werke heimischer wie internationaler Künstler repräsentiert. Neben Gemälden werden Möbel, Plastiken und Stoffdrucke ausgestellt. Für eine Besichtigung und das umliegende Bastakiya sollte man sich Zeit nehmen: Hier gibt es viel zu sehen.
⊹ 178 C4 ✉ Al-Musalla / Al-Fahidi Roundabout, Bastakiya ☎ 04 353 62 33
⊕ www.themajlisgallery.com
● Sa–Do 10–18 Uhr

Coffee Museum

Inspirierende Mischung aus Shop und kleinem Museum. In der alten emiratischen Villa versammelt man antike arabische Kaffeekannen und klassisches Zubehör zur Zubereitung. Exotische Sorten stehen zum Verkauf und zur Verkostung. Belebend!
⊹ 178 C2 ✉ Fahidi Historical Neighbourhood
☎ 04 3 53 86 66 ⊕ coffeemuseum.ae
● Sa–Do 9–17 Uhr

Museum of Illusions

Kein »Museum«, vielmehr ein interaktiver Showroom, in dem Besucher mit optischen Täuschungen verblüfft und inspiriert werden. Gemälde werden in veränderter Form und trickreich dargestellt, mit verzerrten Perspektiven entsteht eine Art »Alice in Wonderland«-Effekt. Ein großer Spaß, für alle, die an Technik und an Illusionen interessiert sind.
⊹ 178 C3 ✉ Al Seef, Creek ☎ 04 3 57 39 99
● tägl. 10–22 Uhr, Sa u. So bis 23 Uhr

XVA

Die drei überdachten Patios des als Hotel betriebenen historischen Windturm- und Kaufmannshauses dienen gleichzeitig auch als Ausstellungsfläche für Gemälde und Kunstinstallationen. Besonders nett: bei einem erfrischenden Lime Juice im kleinen Café hat man genügend Muße, die anregende Umgebung auf sich wirken zu lassen.
⊹ 178 C4 ✉ Al-Musalla / Al-Fahidi Roundabout, Bastakiya ☎ 04 353 53 83;
⊕ www.xvagallery.com ● Sa–Do 9–22 Uhr

AKTIVITÄTEN

Pursuit Games

Dies ist einer der ersten Paintball-Veranstalter Dubais. Hier können sich Gleichgesinnte austoben. Die sicherheitsgeprüften Ausrüstungen sind stets auf dem neuesten Stand.
⊹ 178 B1 ✉ Wonderland, Nähe Creekside Park ☎ 04 324 47 55 ● Di–So 10–22 Uhr
✦ Jab 90 Dh ⊕ www.paintballdubai.com

Al-Nasr Leisureland

Hier gibt es eine achtspurige Bowlingbahn, eine Eislaufbahn sowie Tennis- und Squashplätze. Ausrüstungen können geliehen werden, Bahnen und Plätze sollten Sie reservieren.
⊹ 178 B2 ✉ Umm Hurair Road, Oud Metha, am American Hospital ☎ 04 337 12 34
⊕ www.alnasrll.com ● tägl. 9–22 Uhr
✦ 10 Dh, Kinder 5 Dh

Sheikh Mohammed Centre for Cultural Understanding

»Open Doors, Open Minds«: Beim Cultural Breakfast oder Lunch, das die Verständigung zwischen dem Islam und anderen Religionen fördern soll, kann man nicht nur die Köstlichkeiten der arabischen Küche probieren, sondern erfährt in der persönlichen Begegnung mit den Emiratis auch manches über deren Kultur und Gesellschaft.
⊹ 178 C4 ✉ Bastakiya Quarter, Bur Dubai
☎ 04 353 66 66 ⊕ www.cultures.ae
● Mo–Do 8–15, Fr–So 8–12 Uhr

Über den Wolken: Der Burj Khalifa greift förmlich nach den Sternen.

Östliches Jumeirah

Hoch hinaus: Neben dem himmelstürmenden Burj Khalifa erwarten Sie hier noch andere Highlights wie das neue Museum der Zukunft.

Seite 86–121

Erste Orientierung

Jumeirah mit seinen weißen Villen voller Bougainvilleen, den schönen Stränden, Boutiquen und Shopping Malls gehört zu den bevorzugten Wohnvierteln und reicht von der Moschee bis zur Sheikh Zayed Road vor dem Hotel Burj Al-Arab.

Aus praktischen Gründen behandelt dieser Führer auch das Gebiet landeinwärts jenseits der Sheikh Zayed Road, den Erholungsort der Familie Al-Maktoum: Meydan, die neue Rennstrecke der Superklasse. Von dort weiter ins Landesinnere, erreicht man das im Bau befindliche Großprojekt Dubailand (S. 142), das neben diversen Themenwelten auch attraktive Sportstätten umfasst. Dazu gehören etwa ein Kricketstadion (25 000 Plätze) und The Els Club, ein meisterschaftsfähiger, von Ernie Els entworfener 18-Loch-Golfplatz.

Teures Pflaster

Jumeirah ist ein wohlhabender Stadtteil. Entlang der Küste stehen nur wenige Hochhäuser – man wohnt in Villen, deren Mieten zu den höchsten in Dubai gehören. Hier sind die »Jumeirah Janes« zu Hause, Frauen erfolgreicher eingewanderter Geschäftsmänner. Zahlreiche Bäder, Geschäfte und Cafés liegen entlang der Jumeirah Beach Road, der Hauptstraße zwischen Strand und Sheikh Zayed Road, die allerdings wenig zum Flanieren einlädt. Da die Sehenswürdigkeiten weit auseinander liegen, fährt man am besten mit dem Taxi, um sie zu erkunden.

Highlights

Durch diesen Teil Jumeirahs führt der interessanteste Abschnitt der zwölfspurigen Sheikh Zayed Road mit sensationeller Architektur zu beiden Seiten. Herz der Gegend ist der Burj Khalifa, das höchste Bauwerk der Welt und Zentrum des in wenigen Jahren entstandenen Downtown Dubai, zu dem auch der zu Füßen des Wolkenkratzers liegende Dubai Lake mit seinen tanzenden Wasserfontänen, die gigantische Dubai Mall und das neue Museum of the Future gehören.

Nicht verpassen!

21 Dubai Opera House

22 Museum of the Future

23 Jumeirah Emirates Towers

24 Meydan Racecourse & Grandstand

25 Majlis-Ghorfat Um Al-Sheef

Nach Lust und Laune!

26 Dubai Water Canal

27 Za'abeel Park

28 Jumeirah Beach Park

29 Safa Park

30 Falcon & Heritage Sports Centre

31 Kamelrennen in Al-Lisaili

TOP 10

1 ★★ Burj Khalifa

5 ★★ Jumeirah Mosque

9 ★★ Dubai Mall

Mein Tag zwischen architektonischen Highlights

Zu Füßen des Burj Khalifa brummt Dubai. Hier bekommt man den Mund vor Überraschungen kaum zu. Downtown Dubai heißt der komplett neue, z. T. im altarabischen Stil errichtete Stadtteil. Trauen Sie sich im höchsten Bauwerk der Erde ganz nach oben, genießen in der Dubai Mall, sozusagen aus den Kochtöpfen der Welt, ihr Lieblings-Lunch und relaxen an jenem Ort, an dem Placido Domingo die Eröffnungsarie in der Oper sang.

9 Uhr: Erstmal Metro fahren
Das muss sein, denn in dieser Stadt werden Sie zum Metro-Fan. Schnell, sicher und günstig bringt Sie die fahrerlose Bahn zur Station »Dubai Mall«. Um so richtig das Dubai-Gefühl zu schnuppern, steigen Sie gegebenenfalls in die Frauen

11 Uhr: Nach oben, ganz nach oben

13 Uhr: Umgeben von Rochen und Seeanemonen

Fahren Sie mit der Metro in Dubai und fühlen Sie sich wie in einer modernen Hightechwelt.

vorbehaltenen Abteile ein, natürlich rosafarben gestaltet! Über Laufbänder geht es nach dem Ausstieg dann weiter zur ❾ ★★ Dubai Mall und dem himmelsstürmenden ❶ ★★ Burj Khalifa.

11 Uhr: Nach oben, ganz nach oben

Da Sie Ihr Eintrittsticket für das höchste Gebäude der Welt bereits online erworben haben, steht dem Abenteuer nichts mehr im Wege. Ein rasantes Tempo! Innerhalb von nur einer Minute katapultiert Sie der Fahrstuhl auf die 124. Etage, ein zweiter Aufzug zur Aussichtsplattform in den 148. Stock. Die heißt »At the Top«. Wenn Sie kurz die Augen schließen können Sie die Höhe von 555 Metern im Körper spüren. Der Ausblick von hier oben? Das werden Sie anschließend selbst in Worte fassen wollen.

13 Uhr: Umgeben von Rochen und Seeanemonen

Nein, jetzt steht erstmal kein Shopping an: die ❾ ★★ Dubai Mall ist eben nicht nur ein gigantischer Einkaufstempel, sondern auch Adresse des fantastischen Dubai Aquariums und Ort neuer Superlative: Durch das gewaltige, dreistöckige Sichtfenster genießen Sie den Blick auf einige der über 30 000 Meeresbewohner, die hier zwischen farbenprächtigen

Vom Burj Khalifa (oben) haben Sie in schwindelerregender Höhe eine fantastische Aussicht (unten) über die Stadt. In der Dubai Mall können Sie dann Rochen und Haien den Bauch streicheln.

Korallen durch das Wasser gleiten. Entdecken Sie Nemo & Co. Und nachdem Sie beim Laufen durch den Unterwassertunnel sozusagen hautnah (und ohne nass zu werden) an diese Wunderwelt heran gekommen sind, wird es Zeit zum Mittagessen. Indisch, japanisch oder doch lieber italienisch? Im Untergeschoss liegen mehrere nette SB-Cafés und Restaurants, suchen Sie sich aus, was Ihnen gefällt und nehmen auf der Terrasse Platz. Herrlich ist es, jetzt einfach nur zu sitzen und dabei den ❶ ★★ Burj Khalifa im Blick zu haben, wie er in den Himmel ragt. Nachdem Sie sich einen starken Espresso gegönnt haben, kann es weitergehen.

15.30 Uhr: Walking, I'am walking

Laufen? In Dubai? Eine neue Überraschung wartet beim 26 Dubai Water Canal auf Sie. Mit der Metro gelangen Sie zügig, jetzt sind Sie ja bereits geübt, zur Station Business Bay. Hier

Am Dubai Water Canal lässt sich in Ruhe die Stadt genießen.

Vor dem Burj Khalifa tanzt das Wasser zur Musik, ein besonderes Spektakel!

haben Sie Zugang zu dem auf beiden Seiten des künstlichen Wasserwegs angelegten Boardwalk. Neue, tolle Blickwinkel auf Dubais Skyline eröffnen sich hier auf jedem Meter, beispielsweise auch auf die zwei gigantischen Hochhäuser der JW Marriott Marquis Towers, dem höchsten Hotel der Welt. Schließlich geht es per Taxi wieder zurück zum ❶ ★★ Burj Khalifa und dem Dubai Lake.

18.30 Uhr: Tanzende Wasser

Mit einem Mal schießen leuchtend rote und blaue Wasserstrahlen in den Himmel, dazu ertönt »I will always love you« von Whitney Houston oder ein ähnlich bewegende Komposition. Tatsächlich, der gesamte See wird zur Bühne, Tänzern gleich erheben sich immer neue Wasserfontänen, bewegen sich im Takt der Musik. Wollen Sie Platz nehmen in einem der umliegenden Cafés oder zieht es Sie weiter? Nach einer Version von Lionel Ritchies »All Night long« entschließen Sie sich zum Gehen, »Time to say goodbye« von Andrea Botticelli legt es schließlich auch nahe.

20 Uhr: Luxus auf dem Achterdeck

Nicht weit haben Sie es zur ㉑ Dubai Opera. Tatsächlich, das hypermoderne Bauwerk, jetzt prächtig

illuminiert, erinnert an eine arabische Dhau. Zum Glück haben Sie reserviert und lassen sich einen Logenplatz im »Sean Connolly« zuweisen. Drinnen oder draußen, in der cool gestylten Pearl's Bar oder auf der Dachterrasse? Ganz egal, Sie sind inspiriert von so vielen Eindrücken, dass es für Sie jetzt überall »passt«, kein Wunder in dieser Umgebung und zwischen Besuchern aus allen Erdteilen. Lassen Sie sich einen Mocktail empfehlen, die sind hier besonders ausgefallen!

23 Uhr: Für Nachtschwärmer

Wer jetzt noch nicht genug hat und sich nicht nach seinem Hotelbett sehnt, kann in das Nachtleben Dubais einsteigen. Ordern Sie sich ein Taxi und lassen Sie sich zum Zinc bringen. Hier wird Mainstream Musik aufgelegt, und die Hausband spielt regelmäßig live. Wer es gemütlicher möchte, lässt sich zur Iris Bar kutschieren und genießt Cocktails und Tapas. Die Rooftop-Bar im Luxushotel Oberoi wartet mit der Aussicht zum ❶ ★★ Burj Khalifa auf.

❶ ★★ Burj Khalifa

Warum?	Superlativ aus nächster Nähe
Was?	Mit dem Fahrstuhl nach ganz oben
Wie lange?	Eine Stunde und mehr
Wann?	Wenn es gerade passt, d. h. die Wartezeit gering ist
Was nehme ich mit?	Höhenangst ade!

Hauptattraktion jeder Nahostreise ist der Besuch des Burj Khalifa, des höchsten Gebäudes der Welt. Die Plattformen »At the Top« im 124. Stock (456 m) und »At the Top Sky« im 148. Stock (555 m) eröffnen Blicke über die futuristische Skyscraperlandschaft.

Als Krönung der ambitionierten Architekturpläne Dubais wurde dieser in der Bauphase Burj Dubai genannte Gipfelstürmer von Scheich Mohammed im Januar 2010 eröffnet (und dabei als Reverenz an den Herrscher von Abu Dhabi – und Geldgeber Dubais – in Burj Khalifa umbenannt). Mit 828 Metern und 164 Etagen bildet das Rekordgebäude, das hinter seiner reflektierenden Fassade Luxus-Wohn- und Gewerbeflächen birgt (wie das Armani Hotel), das Kernstück des millionenschweren Entwicklungsprojekts

Hoch, höher, am höchsten: Der Burj Khalifa überragt sie alle.

I did it my way

»I've lived a life that's full, I've travelled each and every highway, But more, much more than this, I did it my way« – wenn Frank Sinatras Stimme ertönt und die Dubai Fountains auf einmal wie ein Fisch aus dem Wasser schießen, kann man Gänsehaut bekommen. Ein Gefühl, das Sie mit den umgebenden Menschen teilen und das verbindet. Jedes neue Stück, das aufgeführt wird, ist erneut ein Meisterwerk, Musik, Licht und tanzende Wasserfontänen verschmelzen zu einer Einheit, sozusagen Dubais Botschaft an die Welt.

Downtown Dubai. Begonnen hatte man mit dem Bau im Jahr 2004 – im Januar 2009 war die geplante Gesamthöhe erreicht und damit der bisherige Höhenweltrekord des CN Tower im kanadischen Toronto (553 m) bei Weitem übertroffen. Das Gewicht des verbauten Aluminiums entspricht dem von fünf Airbussen, die Gesamtlänge der verwendeten Edelstahlstreben der 293-fachen Höhe des Pariser Eiffelturms. Über diese und weitere technische Fakten aus der Planungs- und Bauphase dieser neuen Architekturikone informieren Displays auf der Aussichtsplattform »At the Top« (456 m).

Am Fuß des Wolkenkratzers

Aussichtsplattform

Wer mit Schwindelgefühlen oder Höhenangst zu kämpfen hat, der sollte sich den Besuch der Aussichtsplattform sparen. (Man kann den Turm auch vom Boden aus bewundern oder vom Burj Khalifa Lake direkt vor der Dubai Mall.) Preisgünstiger ist es, sich vorab im Ticket Office im unteren Geschoss der Dubai Mall oder im Internet ein Ticket für einen Besuch zu einem festen Zeitpunkt später am Tag zu besorgen – der unmittelbare Zutritt kostet fast das Dreifache! Zwei Highspeed-Aufzüge rauschen mit 36 km/h den 164 Stockwerke hohen Bau nach oben. Sobald die Türen aufgehen, bietet sich durch deckenhohe Glaswände ein unverstellter Rundumblick über Stadt, Wüste und Ozean. Atemberaubend schön ist das vor allem nachts, wenn Lichter und Sterne um die Wette funkeln. Teleskope eröffnen Visionen einer virtuellen Zeitreise – mit Großaufnahmen oder Echtzeitansichten von Vergangenheit und Zukunft. Um das Panorama nach allen Seiten zu genießen, kann man die Plattform ganz umrunden und sich schließlich als letzten Kick auf die Openair-Terrasse wagen, wo der Ausblick für den Besucher noch dramatischer ist.

Burj Khalifa Lake und Dubai Fountain

Der Burj Khalifa Lake, ein 12 ha großer, künstlich angelegter See unter dem Turm, bietet weitere Superlative. Einer davon ist die Dubai Fountain – die größte Wasserfontäne der Welt. Ab 18 Uhr zieht sie Menschenmassen an, die nach den minutenlangen Vorführungen begeistert klatschen. Bis zu 150 m hoch schießt das Wasser in die Luft – das entspricht der Höhe eines 50-stöckigen Wolkenkratzers. Die Gesamtlänge der Brunnenanlage beträgt 275 m, 1000 Einzelfontänen bilden fünf Kreise unterschiedlichen Durchmessers sowie zwei zentrale Bögen. Die kalifornische Herstellerfirma WET entwarf auch den Brunnen vor dem Hotel Bellagio in Las Vegas. Vorführungen finden täglich statt, untermalt von Toptiteln der internationalen Hitparaden wie dem grammygekrönten afrikanischen Crossover-Song »Baba Yetu«, dem arabischen Tanzhit »Shik Shak Shok« oder dem Abschiedshit des italienischen Tenors Andrea Bocelli »Con te partirò«. Die weltweit größte Beleuchtungsanlage ihrer Art mit 6600 Lichtquellen und 25 Farbprojektoren verleiht dieser Licht- und Klangshow hochdramatische Effekte. Der vom See aus in den Himmel gerichtete Lichtbalken ist noch aus 30 km Entfernung sichtbar – und damit der hellste Punkt des Nahen Ostens.

Von der Metrostation Dubai Mall/Burj Khalifa gelangt man mittels Laufbändern zur Dubai Mall (mit Ticketschalter des Burj Khalifa).

KLEINE PAUSE

Die Terrassen der nahen Dubai Mall (S. 102) mit Blick auf Burj Khalifa und den See sind die beste Wahl für einen schnellen Kaffee. Bei **Tim Hortons Café & Bake Shop** sind die Preise vergleichsweise niedrig, es gibt auch leckeren Kuchen und Sandwichs.

---

182 C2
Downtown Dubai

Burj Khalifa
04 8 88 88 88
www.burjkhalifa.ae
24 Stunden geöffnet

Aussichtsplattformen
»At The Top«
tägl. 9–23 Uhr
ab 159 Dh

»At the Top Sky«
tägl. 12–22 Uhr
ab 389 Dh
Burj Khalifa/Dubai Mall (Red Line)

Dubai Fountain
04 362 75 00
www.thedubaimall.com
alle 30 Min; So–Do 18–22, Fr–Sa 18–23 Uhr
frei
Dubai Mall (Red Line)

❺ ★★ Moschee von Jumeirah

Warum?	Dubais schönste Moschee und die einzige, die Nichtmuslime besichtigen dürfen
Was?	In eine Abaya gekleidet ins heilige Innere
Wie lange?	90 Minuten
Wann?	Jeden Vormittag bei einer Führung
Was nehme ich mit?	So inspirierend kann Nachhilfe-Unterricht in Religion in Dubai sein!

Besucher der Moschee können wertvolle Einblicke in die muslimische Religion gewinnen.

Dem Fatimiden-Baustil der ägyptischen Kalifen nachempfunden, ist die im Jahr 1975 errichtete Moschee von Jumeirah ein herausragendes Beispiel moderner islamischer Architektur. Zwei Minarette überragen eine majestätische Kuppel, hohe Bogengänge betonen den Haupteingang, über dem drei schwere Eisenleuchter hängen. Steinmetze aus Europa wurden für die filigrane Gestaltung der Sandsteinflächen herangezogen. Die vielen steinernen Fenstergitter treten mit ihrem Rhombenmuster plastisch hervor. Großzügige Rasenflächen umgeben das elfenbeinfarbene Gotteshaus, in dem freitags auch die Mitglieder des Herrscherhauses beten. Es bietet Platz für rund 1200 Gläubige. Ein separater Flügel, der auf der linken Seite hinter Holzportalen verborgen liegt, steht Frauen zum Gebet offen. In einer Moschee beten die Gläubigen strikt nach Geschlechtern getrennt.

Innenausstattung und Verhaltensregeln

Im schlicht gehaltenen Inneren finden sich türkische und ägyptische Einflüsse. Die Säulen sind geometrisch angeordnet, die Zentralkuppel ist bemalt. »Mihrab« nennt man in einer Moschee die Nische, vor der der Imam, der religiöse Führer, gen Mekka gewandt mit dem Rücken zu den Gläubigen steht. Die Ausrichtung der Moschee und der Gläubigen bezieht sich auf das islamische Heiligtum der Kaaba im saudi-arabischen Mekka. Wer mehr darüber erfahren möchte, kann bei einer einstündigen Führung am Morgen unter der Leitung eines Mitarbeiters des Sheikh Mohammed Centre for Cultural Understanding (S. 71) nicht nur den Innenraum der Moschee bewundern, sondern auch einen ersten Einblick in die islamische Kultur gewinnen. Scheuen Sie sich nicht, sich nach allem zu erkundigen – Fragen sind erwünscht und werden nicht als zudringlich empfunden.

Beten im Islam

In der Moschee stellen sich die Gläubigen mit dem Gesicht Richtung Mekka in Reihen auf. Der Betende hebt zunächst beide Hände und spricht mehrere Glaubensformeln und Koransuren. Den Körper vornüberbeugend, werden Lobensworte wie »Allahu Akbar«, »Gott ist groß«, gesprochen. Dann lässt sich der Betende, weitere Huldigungen murmelnd, zum Zeichen seiner Hingabe auf die Knie nieder, um mit der Stirn den Boden zu berühren. Jedes Gebet setzt sich aus mehreren solcher Bewegungszyklen zusammen. Abschließend spricht man das sogenannte Bezeugungsgebet und wünscht seinem Nachbarn: »Der Friede sei mit euch und die Barmherzigkeit Gottes.«

Achten Sie auf dezente Kleidung, die Arme und Beine umhüllt. Frauen müssen ihr Haar mit einem Tuch bedecken und einen langen Rock tragen. Falls Sie unpassend gekleidet sind, leiht man Ihnen eine Art Umhang, eine »Abaya«.

KLEINE PAUSE

Ein Muss: das nahe **Limetree Café** in der Jumeirah Road, der Treffpunkt für europäische Expatriates, die bei einem Kaffee aus organischem Anbau jüngste Neuigkeiten austauschen.

---

i

183 E4 · Jumeirah Beach Road
0 43 53 66 66
www.jumeirahmosque.de

World Trade Centre (Red Line)
Führungen für Nichtmuslime Sa–Do 10 und 14 Uhr · 25 Dh

❾ ★★ Dubai Mall

Warum?	Shopping auf die Spitze getrieben
Was?	Mantarochen zwischen Versace und Armanikostümen
Wie lange?	Ein halber Tag
Wann?	Bloß nicht am Wochenende!
Was nehme ich mit?	Einkaufstüten und das Wissen, dass man auch ohne »personal assistent« viel Geld ausgeben kann

Ein Tempel der Warenwelt: die Dubai Mall

Mit ihren mehr als 1200 Läden auf einer Gesamtfläche von über 50 Fußballfeldern gehört die Dubai Mall zu den größten Einkaufszentren der Welt. Hier findet man neben besten Shoppingmöglichkeiten auch jede Menge Attraktionen für die ganze Familie.

Die Dubai Mall ist ein gewaltiges Konglomerat aus Einkaufszentren und Freizeitattraktionen von Weltniveau – von den 160 Cafés und Restaurants (z. T. mit Blick auf den Burj Khalifa) gar nicht zu sprechen. Besorgen Sie sich einen Plan an einem der 13 Infoschalter. Unter den 70 Flagship Stores findet man Traditionsketten aus aller Welt, wie das erste Galéries-Lafayette-Kaufhaus des Nahen Ostens, Bloomingdales, Marks & Spencer, Waitrose oder Debenhams.

Shopping ohne Ende

The Grove in einem ansprechend gestalteten Umfeld ist die erste »Allwetterstraße« Dubais, mit Cafés, Restaurants und Läden im Freien. Wenn das Wetter wechselt, kann in Windeseile ein schützendes Dach ausgefahren werden. Im größten Gold Souk der Welt, dessen über 200 glitzernde Juweliergeschäfte sich auf mehrere Höfe verteilen, fällt die Entscheidung nicht leicht – auch wenn er sich atmosphärisch nicht mit dem alten Gold Souk in Deira vergleichen lässt. Die Luxusmeile der Fashion Avenue (mit eigenem Catwalk für Besucher) versammelt buchstäblich alle großen Marken zwischen Haute Couture und Alltagsmode: Burberry, Banana Republic, Calvin Klein, Chloé, Desigual, Dolce & Gabbana, Esprit, Hermès, Miss Sixty oder Zadig & Voltaire sind nur einige der Namen. Alles, was das Herz des Shoppers begehrt, ist hier zu finden – ob Elektronikartikel, Schmuck, Wohnaccessoires, Musik oder Bücher (in einer Filiale der japanischen Kinokuniya-Kette, Dubais größtem Buchladen).

Faszination Unterwasserwelt: im Dubai Aquarium

Für Klein und Groß

In die Mall integriert ist das Dubai Aquarium: Hinter einer dicken Acrylverglasung, die sich (frei zugänglich) über alle Etagen erstreckt, leben 33 000 Seetiere, darunter Haie, Rochen und farbenprächtige Fischschwärme. Mehrmals täglich sind in dem gigantischen, 10 Millionen Liter Wasser fassenden Aquarium auch Taucher am Werk, um Reinigungs- und Wartungsarbeiten durchzuführen, Futterstellen aufzufrischen. Sie können u. a. unter einem 270-Grad-Unterwasswertunnel hindurch gehen und erleben die Illusion, selbst Teil der Meereswelt zu sein. Mutige begeben sich gar in einem Tauchkäfig ganz ins Aquarium oder wandeln, mit einer Sauerstoffflasche ausgerüstet, gleich selbst durchs Wasser, umgeben von Tigerhaien und Mantarochen, Seepferdchen und farbenprächtigen Fächerkorallen. Eislaufen in der Wüste? Die olympisch dimensionierte

Eisbahn Dubai Ice Rink bietet Kurse oder öffentliche Nutzung in Zweistunden-»Sessions« (Schlittschuhverleih; nachmittags mit Discomusik).

KLEINE PAUSE

Besorgen Sie sich einen Plan, um einen Überblick über das Angebot zu erhalten. Bestimmt taucht der Name eines Cafés auf, in das Sie unbedingt gehen wollen. Ansonsten lohnt das große Angebot im **Food Court.** Immer wieder schön ist **Angelina,** ein Ableger des legendären Pariser Cafés in der Fashion Avenue gegenüber von Zara.

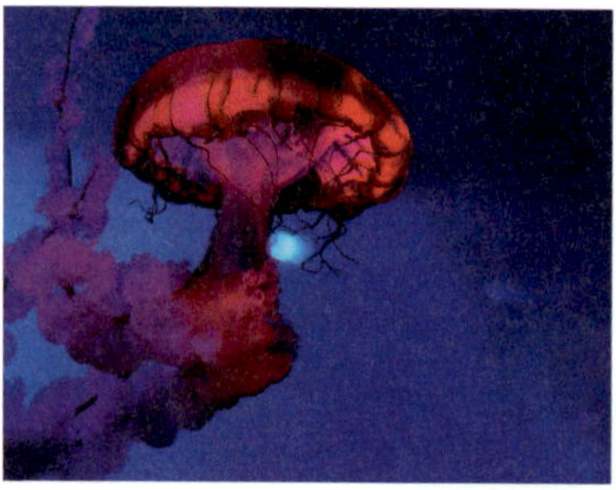

Das Dubai Aquarium beeindruckt mit einer unglaublichen Unterwasserwelt.

182 C2
Downtown Dubai
0800 382 24 62 55
www.thedubaimall.com
tägl. 10–1 Uhr
Dubai Mall (Red Line)

Dubai Aquarium & Underwater Zoo
0800 382 24 62 55
www.thedubaiaquarium.com
tägl. 10–24 Uhr
200 Dh (Kinder bis 3 J. frei)

Dubai Ice Rink
0800 382 24 62 55
www.dubaiicerink.com
tägl. 10–24 Uhr
2 Std. 60 Dh, Tagespass 125 Dh

㉑ Dubai Opera House

Warum?	Das Herz des kulturellen Dubai
Was?	Ein Opernhaus als gläserne Dhau
Wie lange?	Etwa eine Stunde
Wann?	Nach Sonnenuntergang, weil es prächtig illuminiert ist
Was nehme ich mit?	Eine Musical- oder eine Opernaufführung in der Wüste

Arien im Wüstenwind: In bester Lage, im neuen Stadtviertel Downtown Dubai, zwischen Burj Khalifa und Dubai Mall, thront das neue, hochmoderne Opernhaus in Form einer traditionellen arabischen Dhau.

Buchen Sie die Tickets für eine Aufwführung rechtzeitig, denn die Plätze sind stets schnell vergriffen.

Muscat, die Hauptstadt des Omans, besaß bislang die einzige Oper der Arabischen Halbinsel, doch war es nur eine Frage der Zeit, bis auch in Dubai ein eigenes Opernhaus eröffnet wurde. 2016 war es endlich soweit: Star der glamourösen Eröffnungsgala am 31. August war der spanische Ausnahmetenor Placido Domingo, der vom Verdi-Orchester Triest begleitet wurde. Seitdem geht es mit Volldampf weiter, und ein Blick in den Veranstaltungskalender zeigt: das aus großen Opern, Ballett und klassischer Musik bestehende Programm, von Schwanensee zu Bollywood-Musicals, ist phänomenal!

KLEINE PAUSE

Belcanto heißt das tolle Restaurant mit Dachterrasse, das Sie einmal besuchen müssen. Lassen Sie sich den Drink des Hauses empfehlen.

Mo–Do 18–0.30, Fr–So 18–1.30 Uhr

✈ 182 B2 ✉ Mohammed Bin Rashid Blvd., The Opera District, Downtown Dubai 🌐 www.dubaiopera.com 🎫 Beim Ticket Office der Dubai Opera wie auch online buchbar sind die i.d.R. mehrmals täglich stattfindenden und englischsprachigen, ca. einstündigen Dubai Opera Tours (75 Dh).

㉒ Museum of the Future

Warum?	Um einen Blick in die Zukunft zu wagen
Was?	Spektakulärer Bau, spektakuläre Ausstellung
Wie lange?	Zwei bis drei Stunden
Wann?	Nur nach Online-Reservierung
Was nehme ich mit?	Jetzt weiß ich, wie die Welt in 50 Jahren aussieht und wie die Menschen dann möglicherweise leben
Was noch?	Ein kurzer Abstecher zum World Trade Centre

Das im Februar 2022 eröffnete Museum of the Future hat schnell Furore gemacht. Noch vor seiner Eröffnung erklärte es National Geographic 2021 zu einem der 14 schönsten Museen der Welt. Der spektakuläre, 77 m hohe Bau an der Sheikh Zayed Road entstand nach Plänen des südafrikanischen Architekten Shaun Killa.

Wie ein riesiger mit Kalligrafien verzierter Silberring thront das Zukunftsmuseum auf einem kleinen grünen Hügel. Schon die Form des Museums ist futuristisch und setzt einen deutlichen Gegenpol zu den Hochhausriesen rundum. Der ovale Ring des Gebäudes, zusammengesetzt aus Edelstahlplatten, versinnbildlicht die Menschheit, der grüne Hügel repräsentiert die Erde, und der leere Raum in der Mitte steht für die unbekannte Zukunft. Die Kalligrafien, mit denen der Bau überzogen ist und die gleichzeitig als Fenster fungieren, geben Zitate des Herrschers von Dubai, Scheich Mohammed Bin Raschid Al-Maktoum, wider. Zu lesen ist hier u.a.: „Die Zukunft gehört denen, die sie sich vorstellen, die sie entwerfen und umsetzen können. Die Zukunft wartet nicht. Die Zukunft kann aber schon heute gestaltet und geschaffen werden."

Eine Reise in die Zukunft

Das Museum of the Future birgt interaktive Ausstellungen, die verschiedene Zukunftsszenarien erlebbar machen. Wie wird das Leben im Weltraum sein, wie wird sich die künstliche Intelligenz weiterentwickeln, welche weiteren Zukunftstechnologien wird es geben? Greifbar werden aber auch Bedrohungen des Menschen und der Welt – wie der

Museum of the Future: eines der schönsten Museen der Welt?

Klimawandel. Das Museum nimmt den Besucher mit auf eine Zeitreise in das Jahr 2071 (in dem sich die Gründung der arabischen Emirate zum hundertsten Mal jährt) und entwirft Ideen was beispielsweise im Hinblick Ressourcen, Ökosysteme, Mobilität, Gesundheit und Spiritualität geschehen könnte. Für Kinder im Alter zwischen drei und zehn Jahren gibt es einen gesonderten Ausstellungsbereich (auf Level 1, der insgesamt sieben Stockwerke).

Ganz in der Nähe: Dubais erster Wolkenkratzer

An der Sheikh Zayed Road ragen heute mehr als 80 Wolkenkratzer in die Höhe, darunter der bienenwabenartige, 149 m hohe Bau des World Trade Centre. Das im Jahr 1979 eröffnete Handelszentrum gehört nach wie vor zu den prestigeträchtigsten Geschäftsadressen Dubais. Etwa 200 Firmen residieren in dem 39-stöckigen Bau.

KLEINE PAUSE

Sie sollten das Museum der Zukunft nicht verlassen, ohne eine Pause im Café einzulegen, ein Roboter serviert Ihnen hier die gewünschte Tasse Kaffee (oder einen Imbiss).

---

183 D3
Sheikh Zayed Road ☎ 800 20 71
https://museumofthefuture.ae
Emirates Tower (Red Line)

tägl. 10–18 Uhr
145 Dh (Onlinebuchung mit Reservierung eines Zeitfensters)

㉓ Jumeirah Emirates Towers

Warum?	Stil- und geschmackprägend am Golf
Was?	Zwei sich zuneigende Hochhäuser
Wie lange?	Ein knappes Stündchen
Wann?	Zu jeder Tageszeit ist der Besuch ein Erlebnis
Was nehme ich mit?	Den Blick auf Licht durchflutete Atrien und aus den gläsernen Aufzügen

Die beiden Türme am Beginn der Sheikh Zayed Road gehören zu den architektonischen Highlights der Stadt.

Himmelwärts strebend: die Jumeirah Emirates Towers

Beide Wolkenkratzer stehen auf einem dreieckigen Grundriss. Allerdings sind jeweils nur zwei Seiten des Dreiecks massiv, die dritte entpuppt sich beim näheren Hinsehen als reine Glasverkleidung. So entstehen lichtdurchflutete Atrien, die sich fast über die gesamte Gebäudehöhe erstrecken und in denen gläserne Aufzüge den Besucher nach oben befördern. Beide Türme wurden nach einem Entwurf von NORR Architects in den Jahren 1997 bis 2000 errichtet. Der größere der Türme (Emirates Towers One, 354,6 m bis zur Spitze) birgt vornehmlich Büros und war bei seiner Fertigstellung das höchste Gebäude der Stadt. Auch Mohammed Bin Raschid Al-Maktoum hat dort einige Geschäftsräume. Der kleinere Turm (Emirates Towers Two, 309,1 m bis zum Dach) war fünf Monate später vollendet und gehört zu den größten ausschließlich als Hotel genutzten Bauten der Welt. Beide Türme sind durch eine 810 m² große Einkaufspassage, The Boulevard, verbunden.

ℹ

183 D3 ✉ Sheikh Zayed Road 🚇 Emirates Tower (Red Line)
☎ 04 364 47 77 🌐 www.jumeirah.com

㉔ Meydan Racecourse & Grandstand

Warum?	Ein Königreich für ein Araber-Pferd
Was?	Eine der aufregendsten Rennbahnen der Erde
Wie lange?	Ein paar Stündchen braucht es schon – die Wege sind lang
Wann?	Vorzugsweise während der Rennen
Was nehme ich mit?	Stallgeruch und eine Spur neues Pferde-Know-How
Was noch?	Nach Mitternacht ins White, dem Rooftop-Club des Meydan

Almutawakel, Street Cry, Dubai Millennium: Sie alle gewannen das mit 10 Millionen US-Dollar weltweit höchstdotierte Pferderennen – den alljährlich im März stattfindenden Dubai World Cup. Und alle drei kamen aus dem privaten Rennstall Godolphin der Familie Al-Maktoum.

Als hypermoderne Rennbahn Dubais eröffnete der Meydan Racecourse (mit 1750-m-Allwetterbelag, 2400-m-Grasbahn und Riesentribüne für 60 000 Zuschauer) 2010 rechtzeitig zum Beginn des alljährlichen World Cup. Zur Anlage gehören hochmoderne Zucht- und Trainingseinrichtungen

Von der Tribüne aus kann man das Geschehen auf der Bahn am besten beobachten.

sowie Luxushotels und sechs Gourmetrestaurants. Die Rennsaison startet jeweils im November mit der zehnwöchigen Winter Racing Challenge, gefolgt vom Dubai International Racing Carnival (Januar bis März), und gipfelt im Dubai World Cup (Ende März/Anfang April). Die jeweils sechs bis acht Rennen pro Abend beginnen um 18.30 Uhr. Auf einem Teil der riesigen Haupttribüne Meydan Grandstand hat man freien Eintritt, im Randbereich der Rennbahn befindet sich zudem ein großzügig dimensionierter Führring, der es Zuschauern vor und nach den Rennen erlaubt, die Vollblüter aus nächster Nähe in Augenschein zu nehmen. Ein gastronomischer Bereich im Mezzaningeschoss mit Cafés und Restaurants trägt den leiblichen Bedürfnissen der Besucher Rechnung. Auf angemessene Kleidung wird Wert gelegt – ganz besonders beim Dubai World Cup.

Beim dem am höchsten dotierten Pferderennen der Welt, dem Dubai World Cup, gibt es zahlreiche Teilnehmer.

Am östlichen Ende der Haupttribüne liegt die Meydan Marina, in deren Segelhafen aus der Bucht mit dem Boot eintreffende Besucher anlegen und attraktive Rennen direkt vom Liegeplatz ihrer Jacht aus verfolgen können.

KLEINE PAUSE

Steuern Sie das edle **Meydan Hotel** an. Dort können Sie in der Millennium Lounge in stilvollem Rahmen eine Tasse Kaffee oder einen Mocktail (alkoholfreier Cocktail) trinken.

Meydan Hotel: Meydan Racecourse Al Meydan Road, Nad Al Sheba

ℹ

184 A/B2 ✉ Meydan liegt 5 km südwestlich von Dubai.

Nachtrennen
Termine und Tickets: Dubai Racing Club
☎ 04 3 27 21 10 🌐 www.dubairacingclub.com

Stallungen
☎ 04 3 81 31 11 🌐 www.meydanhotels.com
Erwachsene 310 Dh (360 Dh incl. Frühstück), Kinder 220 Dh (bzw. 270 Dh) 🕒 Di, Mi 7.30 Uhr
Eine Meydan Stable Tour beginnt mit einem Büffet-Frühstück zwischen 6.30 und 8 Uhr, gefolgt von der Stable Tour bis 11.30 Uhr.

㉕ Majlis-Ghorfat Um Al-Sheef

Warum?	Eine Art arabischer Buckingham-Palast
Was?	Sommerresidenz von Sheikh Mohammed
Wie lange?	Ein Stündchen
Wann?	Nach dem Frühstück, wie einst die Locals
Was nehme ich mit?	Nachhilfe in Sachen traditioneller Architektur

Das ehemalige Sommerhaus von Scheich Rashid Bin Saeed Al-Maktoum wurde umfassend restauriert und für die Öffentlichkeit zugänglich gemacht. Sehenswert ist neben der Residenz selbst vor allem der Garten mit seinem traditionellen Bewässerungssystem (Falaj).

Traditionelles Bauwerk und ein wunderschöner Park, der um das ehemalige Sommerhaus gebaut wurde

»Majlis« bedeutet »Versammlungsraum«, und tatsächlich fanden hier bereits in den späten 1950er-Jahren wichtige Beratungen über die Zukunft Dubais statt, bei denen es schon damals um die auch heute aktuelle Frage ging, wie die mittelfristig versiegenden Staatseinnahmen aus dem Öl durch Handel und Tourismus ersetzt werden können. Scheich Rashid Bin Saeed Al-Maktoum, der den Bau im Jahr 1955 als Sommerresidenz errichten ließ, war ein Visionär mit weitreichenden Ideen für die Entwicklung Dubais. Als seine Residenz erbaut wurde, standen in dieser Gegend gerade mal ein paar Dattelpalmen; in den Hütten am Strand lebten Fischer. Heute ist sie von vorstädtischen Villen umgeben.

---

186 D2
An der Ecke Jumeirah Beach Road und 17th Street, beschildert

04 8 52 13 74
tägl. 8–22 Uhr
1 Dh

Nach Lust und Laune!

26 Dubai Water Canal

Dubai wird zum Venedig der Region: Das Milliarden-Projekt, das der Wüstenstadt den Anblick erfrischender Wasserkanäle und Lagunen schenkt, verändert gleichzeitig ganze Stadtviertel. Der 3,2 km lange künstliche Wasserweg, beeindruckende 80-120 Meter breit, verbindet den neuen Stadtteil Business Bay mit dem Arabischen Golf (Jumeirah Beach) und ist letztes Bindeglied einer neun Kilometer langen Erweiterung des Dubai Creek, die bereits in vergangenen Jahren fertig gestellt wurde. Neu entsteht der sechs km^2 große Dubai Creek Harbour, eines der größten Projekte dieser Art weltweit. Und schon wächst »The Tower« in den Himmel, ein neuer Wolkenkratzer, der den Burj Khalifa höhenmäßig auf den zweiten Platz verweisen wird.

The Dubai Frame gibt der Stadt einen Rahmen.

27 Za'abeel Park

Der eine Kreuzung am Beginn der stark befahrenen Sheikh Zayed Road mit einer Hängebrücke überspannende, 52 ha große Park bildet eine Oase mitten in der Stadt, mit hübschen Seen, Wasserfontänen, Skateboardgelände, Joggingpfad, BMX-Strecke und Cafés. Spektakuläre Blicke eröffnen sich auf die Skyline der Sheikh Zayed Road, besonders abends, wenn die Sonne hinter den Türmen der Emirates Towers verschwindet.

Ist das nicht ein Bilderrahmen? Jüngste Attraktion im Park nahe des Star Gate ist in der Tat der Anfang 2018 fertig gestellte The Dubai Frame: zwei 150 Meter hohe, goldfarbene Wolkenkratzer, verbunden durch eine 93 Meter lange, goldfarbene und mit Mustern versehene Brücke. Der »größte Bilderrahmen der Welt«, der Dubai Frame, verwandelt nicht nur die Aussicht in ein Gemälde, sondern kann auch besichtigt werden: drinnen wird in aufwendigen Multivisionsshows der kometenhafte Aufstieg Dubais zur Weltmetropole vorgeführt. Per Panorama-Fahrstuhl gelangen Sie nach oben, wo nicht nur fantastische Ausblicke auf Burj Khalifa und die Skyline der City warten, sondern auch ein weiterer Nervenkitzel: eine gläserne Plattform, über die schwindelfreie Besucher laufen können und die den Blick frei gibt auf die Tiefe. Über eine von einem 53 m hohen Pfeiler und

16 Stahlkabeln gehaltene Brücke gelangt man in den südlichen Bereich, den ein See beherrscht, ergänzt durch eine 20 m hohe Fontäne, die alle 20 Minuten emporschießt, einen Wasserfall sowie eine Insel mit Pavillon.

Tret-, Ruder- und Elektroboote können gemietet werden. Mit einem Segway kommt man schnell vorwärts. Wer damit nicht vertraut ist, benutzt lieber die Touristenbahn.
183 F2 Za'abeel
05 7 25 29 94
So–Mi 8–22 Uhr, Do–Sa 8–23 Uhr
5 Dh Al-Jafilliya (Red Line)

Dubai Frame
tägl. 9–21 Uhr
www.dubaiframe.ae 50 Dh

Grüne Oase in der Wüste: Der Safa Park

28 Jumeirah Beach Park

Für nur 5 Dh Eintritt wird hier einiges geboten. Freitags besuchen den Park überwiegend Einheimische, die Strand, Sport und Grillpartys genießen. Speisen und Getränke gibt es auch an Kiosken zu kaufen. Rettungsschwimmer wachen vom frühen Morgen bis zum Sonnenuntergang über die Badenden. Außerhalb dieser Zeiten ist Schwimmen nicht erlaubt.

182 A4 Beach Road
800 900
Business Bay (Red Line)

29 Safa Park

Die herrliche, 64 Hektar große Parkanlage zwischen Jumeirah Beach und Business Bay wird vom Dubai Water Canal geprägt und bietet immer wieder grandiose Ausblicke auf die Skyline der Stadt. Nach Sonnenuntergang prächtig illuminiert ist die weit geschwungene, 690 Meter breite Tolerance Bridge, eine Hängebrücke, die Fußgänger und Fahrradfahrer über den Kanal führt. Das Gelände erkunden Sie am besten auf Leihfahrrädern oder mit der Kleinbahn, die die Grünanlage auf einem Rundkurs befährt. Auf dem großen See können Sie Boote ausleihen.

182 A3 Sheikh Zayed Road
So–Mi 8–22, Do, Fr, Sa + Ferien bis 23 Uhr www.dm.gov.ae/historic_item/safa-park 3 Dh

Die Falkenjagd ist heute noch ein Spektakel.

30 Falcon & Heritage Sports Centre

Seit Jahrhunderten benutzen die Beduinen abgerichtete Falken für die Jagd. Heute gilt die Falknerei als Sport, der auch in Dubai zahlreiche Liebhaber findet. Für besonders teure Vögel werden bis zu 150 000 Dh bezahlt. Das hübsche, geräumige Gebäude des Falcon & Heritage Sports Centre gegenüber den Pferdesportanlagen von Meydan wurde im traditionell islamischen Stil errichtet. Es beherbergt Läden und einen Souk für Falkenzüchter und -händler sowie einen Ausstellungsraum zu Falknerei und anderen Sportarten unter einem Zeltdach. Draußen finden Flugvorführungen statt. Angegliedert sind ein Besuchercafé und Geschenkeläden.

✈ 184 südl. B1 ✉ gegenüber der Meydan Pferderennbahn ☎ 04 3 27 28 54 ◑ tägl. 10–22 Uhr ✦ frei 🚇 Business Bay (Red Line) oder Taxi

31 Kamelrennen in Al-Lisaili

Pferde und Falken sind nicht die Einzigen, die für Spannung sorgen. Auch Kamelrennen sind in den Vereinigten Arabischen Emiraten eine traditionelle Form der Unterhaltung. Am Morgen ist die Kamelrennbahn in Al-Lisaili ein Tummelplatz sportlicher Aktivität. Die Saison dauert von Oktober bis April, die Rennen finden donnerstags und freitags ab 7 Uhr statt und sind gegen 8.30 Uhr beendet. In den übrigen Tagesstunden kann man beim Training zuschauen; kleine Gruppen werden über die Straße nach Al-Ain zu ihren Stallungen in der Wüste zurückgeleitet. Ein

Heute tragen die kleinen Kamele nur noch Roboter als Jockeys.

Ein Auf und Ab zwischen den Dünen: Das Training der Kamele.

Renndromedar ist kleiner und flinker als seine Artgenossen, sein Wert kann bei mehreren Millionen Dh liegen. Früher wurden sie von Kinderjockeys aus Indien oder Pakistan geritten, was heute verboten ist. Seit rund zehn Jahren werden funkgesteuerte Roboter eingesetzt: Geräte mit rotierender Peitsche werden wie kleine Affen auf dem Kamelrücken festgeschnallt und mit einem Joystick gesteuert. Veranstalter der Kamelrennen ist der Dubai Camel Racing Club. Da die Rennstrecke ohne Metro-Anbindung weit außerhalb des Zentrums liegt, benötigt man zur Anfahrt Auto oder Taxi bzw. bucht bei einem Veranstalter, der auch die Abholung morgens in aller Frühe vom Hotel organisiert.

184 südl. B1 ✉ 3 BAl-Lisaili, Al-Ain Road, Ausfahrt 37 ☎ 043388170 ◷ Rennen: Okt–April Do, Fr (Zeiten bitte tel. erfragen) frei

Eine Pause haben sich die eifrigen Kamele verdient. Neugierig sind sie trotzdem.

Wohin zum … Übernachten?

Preise für ein Doppelzimmer pro Nacht:
€ unter 700 Dh
€€ 700–1500 Dh
€€€ über 1500 Dh

Dubai Marine Beach Resort and Spa €€
Die Top-Lage am Jumeirah Beach, eingebettet in weitläufige, tropisch gestaltete Gärten, dazu gepflegte (wenn auch etwas dröge gestaltete) Zimmer sorgen für Stammgäste aus der ganzen Welt. Zwölf Bars und Restaurants stehen den Gästen zur Verfügung, etwa die Bar Sho-Cho (S. 120), das Tex-Mex-Restaurant The Alamo und das fröhliche Malecon im kubanischen Stil. Dessen Hauptattraktion sind weniger der kulinarische Mix als vielmehr Latinotänze und Livemusik. Mit Wellnessbereich, Gesundheitsclub, drei Swimmingpools und eigenem Strand.
✈ 183 D/E4/5 ✉ Beach Road, Jumeirah
☎ 04 346 11 11 🌐 www.dxbmarine.com

Dusit Dubai €€€
Architektonisch symbolisiert das Hotel zwei wie zum Gruß aneinandergelegte Hände. Die Preise sind etwas niedriger als im Shangri-La (S. 117) oder Fairmont, die 321 Zimmer aber sehr komfortabel. Zur Ausstattung gehören ein Freiluftpool im 36. Stock, ein kleines Fitnessstudio sowie Restaurants.
✈ 182 C3 ✉ Sheikh Zayed Road
☎ 04 343 33 33 🌐 www.dusit.com

The Fairmont €€€
Das führende Hotel für Geschäftsreisende hat auch für Feriengästen einiges zu bieten. Dazu gehören Restaurants wie das Exchange Grill (S. 117), zwei Pooletagen und ein Wellnessbereich. Das Cin Cin (S. 120) ist eine der angesagtesten Bars der Stadt. Die Zimmer sind geschmackvoll und modern eingerichtet, die Ausstattung ist auf dem neuesten Stand der Technik. Das Fairmont gehört zwar zu einer internationalen Kette, hat aber durchaus auch individuellen Charme. Der Service ist trotz der Größe des Hauses hervorragend.
✈ 183 E3 ✉ Sheikh Zayed Road
☎ 04 4 28 58 58 🌐 www.fairmont.com

Ibis €
Wenn es um ein hervorragendes Preis-Leistungs-Verhältnis geht, ist das Ibis kaum zu schlagen. Die Zimmer sind sauber, funktionell und komfortabel eingerichtet, wenn auch nicht sehr geräumig. Design-Liebhaber identifizieren einige der in der Lobby und im Hotel verteilten Philippe Starck-Möbel. Erfreulich sind die elegante Bar und das Restaurant Cubo.
✈ 183 E3 ✉ Dubai World Trade Centre
☎ 04 332 44 44
🌐 www.ibishotel.com

Jumeirah Emirates Towers Hotel €€€
Das kultivierte Haus gibt sich recht vornehm. Faszinierend ist die lichtdurchflutete Atrium-Lobby. Hinzu kommen riesige Zimmer mit Hightech-Ausstattung und grandiosem Blick über ganz Dubai.
✈ 183 D3
✉ Sheikh Zayed Road
☎ 04 330 00 00 🌐 www.jumeirah.com

Al-Manzil und Vida €€
Vielgereiste Besucher werden sich bei den beiden, grandios dem altarabischen Architekturstil nachempfundenen Hotels in Downtown Dubai an die Lehmarchitektur des alten Jemen erinnert fühlen. Im Inneren erwartet die Gäste geschmackvolles, nie aufdringliches Styling, das, eher untypisch für Dubai, auf Understatement setzt.
✈ 182 B2
✉ Emaar Boulevard, Downtown Dubai
☎ 04 4 28 58 58
🌐 www.vidahotels.com

Novotel World Trade Centre €
Günstiger und schlichter als vergleichbare Häuser, ist das auf Geschäftsreisende ausgerichtete Hotel, zentral gelegen, und glänzt mit Understatement, vom chic-minimalistischen Foyer bis zu den geschmackvollen Zimmern in Creme und Pinienholz. Geräumiger Pool, Spa, Fitness und Massagen, Kinderbetreuung und Babysitterservice. Livejazz in der Blue Bar.

⊹ 183 E3 ✉ World Trade Centre
☎ 04 332 00 00 ⊕ www.novotel.com

Shangri-La €€€
Die schwindelerregende, avantgardistische Lobby gibt den stilistischen Ton an, der sich in den luxuriösen Zimmern mit Blick auf die Sheikh Zayed Road fortsetzt. Hotelgäste werden in den gut besuchten Restaurants Amwaj (Prechte Spalte) und Hoi-An (s. u.) bevorzugt. Zum 41-stöckigen Hotel gehören ein eigener Pool auf dem Dach sowie ein Fitnessstudio mit Wellnessbereich.
⊹ 182 C3 ✉ Sheikh Zayed Road
☎ 04 343 88 88 ⊕ www.shangri-la.com

Wohin zum …
Essen und Trinken?

Preise für ein Hauptgericht (ohne Getränke und Service):

€	unter 60 Dh
€€	60–120 Dh
€€€	über 120 Dh

Armani Caffè €€
Das gehobene Niveau dieses italienischen Cafés im Einkaufszentrum macht diese stylishe Adresse zu einem Glanzpunkt der Dubai Mall. Geboten werden köstliche Pasta, Suppen, Salate und Pizza, guter Kaffee.
⊹ 182 C2 ✉ Dubai Mall, Erdgeschoss
☎ 04 3 41 05 91 ◷ tägl. 10–2 Uhr

Belcanto at Dubai Opera €€€
Außerordentlich in jeder Hinsicht: vom Garnelen-Risotto zu den getrüffelten Linguini und anderen italienisch inspirierten Gerichten, serviert mit schwerem Silberbesteck auf weißem Leinen. Ein Interieur, das futuristisches Design und Klassik in eine glückliche Symbiose bringt. Und dann noch die ganz besondere Atmosphäre: hoch oben auf der Rooftop-Terrasse der ikonischen Dubai Opera. Exquisit sind auch die hier kreierten Cocktails. Probieren Sie Artishock Highball mit Cynar und Grapefruit Soda oder einen der erfrischenden alkoholfreien Drinks (Non Guilty Cocktails). Ein Ort für unvergessliche Momente.
⊹ 182 B2 ✉ Dubai Opera, Sheikh Mohammed bin Rashid Boulevard
☎ 04 4 56 09 36 ⊕ www.belcantorest.com
◷ tägl. 18–0.30 Uhr

Gourmet Burger Kitchen €
Liebhaber anspruchsvoller Burger sind hier genau richtig. Neben Klassikern findet man experimentellere Kreationen wie den Cajun-Burger mit markanter Chilimayo. Besonders lecker: der Cheeseburger mit Blauschimmelkäse.
⊹ 183 D3 ✉ DIFC, Sheikh Zayed Road
☎ 04 4 25 01 89 ◷ tägl. 11–23 Uhr

Den ganzen Tag kann man im Armani Caffè italienische Speisen genießen.

Hoi-An €€€

Das asiatische Restaurant ist mit Deckenventilatoren und grünen Fensterläden ausgestattet. Auch sonst legt man Wert auf Stil: In seidene Gewänder gehüllte Kellnerinnen servieren leckere vietnamesische Gerichte. Als Vorspeise gibt es etwa eine klare Brühe mit Glasnudeln, Hühnerfleisch und schwarzen Pilzen oder pazifische Taschenkrebse, in grünem Bambus gebacken. Als Hauptgang sind gegrilltes Huhn mit Zitronengras oder Hühnerfleischspieße auf Bambus mit gegrillten Zucchini und Klebreis eine würzig-zitronige Wahl. Das Hoi-An ist eines jener gehobenen Restaurants, in denen man zwischen zehn verschiedenen Teesorten wählen kann. Mit im Sortiment ist Gu Zhang Dao Jian, ein grüner Tee, der nur an zehn Tagen im Jahr geerntet wird.
183 C3 ✉ Shangri-La, Sheikh Zayed Road
☎ 04 4 05 27 03 ◑ tägl. 19–23 Uhr, Fr–So auch 12–16 Uhr

Karma Kafe €€

Im Souk Al-Bahar mit Blick auf den Burj Khalifa Lake serviert man hier in opulentem dunkelrotem Dekor (fern-)östlich geprägte Fusionsküche – von der romantischen Terrasse sieht man direkt auf die Dubai Fountain. Die fantasievoll interpretierten Gerichte (bevorzugt Klassiker der Asiaküche) werden äußerst geschmackvoll angerichtet.
182 C2 ✉ Souk Al-Bahar ☎ 04 4 23 83 06
www.karma-kafe.com ◑ tägl. 17–1 Uhr

The Lime Tree Café €

Angenehmes Lokal mit schöner Terrasse, die frisch zubereitete, gesunde Küche schmeckt wie selbst gemacht. Besonders Expatriates genießen hier gern ein opulentes Frühstück, fantasievolle Salate, kleine Gerichte wie Frittata, Sandwiches, Wraps oder frische Smoothies, aber auch Tee und ein Stück Gebäck. Legendär: die Schokoladenbrownies und der Karottenkuchen. Bestellen kann man à la carte oder – ganz zwanglos – direkt am Tresen.
183 D/E 5 ✉ Beach Road
☎ 04 3 38 72 67
www.thelimetreecafe.com
◑ tägl. 7.30–21 Uhr

Al-Mallah €

Eine lokale Institution mit legendärem Ruf für Shawarma (am Drehspieß gebratenes Fleisch, ähnlich dem türkischen Döner) ist dieser unprätentiöse kleine Libanese mit Neonbeleuchtung und einfachen Tischen auf dem Bürgersteig: genau der richtige Ort für einen würzigen Spieß mit Hühner- oder Rindfleisch. Und dazu gibt es frisch gepresste Säfte in allen Variationen – der Fantasie sind hier kaum Grenzen gesetzt.
183 E4 BAl-Dhiyafah Street, Satwa
☎ 0600 5 22 521 ◑ tägl. 7–2.30

The Noodle House €

Die Noodle-House-Restaurantkette ist eine gute Wahl für Fans der asiatischen Küche. Diese Filiale liegt im Boulevard-Einkaufszentrum bei den Emirates Towers. Die Inneneinrichtung in Rot und Schwarz sowie die offene Küche wirken sehr einladend. Freundliches Personal. Auf der Speisekarte – zum Bestellen deutet man einfach auf ein Gericht – wird die Schärfe der Gerichte mit Chilisymbolen angedeutet, andere Symbole weisen etwa darauf hin, ob ein Gericht Nüsse enthält oder vegetarisch ist. Nudeln bilden naheliegenderweise die Grundlage vieler Gerichte, entweder in gebratener Form oder in einer Wan-Tan-Suppe mit Garnelen und gebratenem Entenfleisch. Das Noodle House ist die beste Wahl, wenn man Fastfood mag, und ideal zur Mittagszeit. Zudem hat es eine Alkohollizenz.
183 D3 ✉ The Boulevard, Emirates Towers, Sheikh Zayed Road
☎ 04 3 19 80 88 www.thenoodlehouse.com
◑ Sa–Do 12–24, Fr 13–24 Uhr

Ravi €

Dieser meist brechend volle Pakistani mit kantinenartiger Atmosphäre ist eine exzellente (und preisgünstige) Adresse für authentische indisch-pakistanische Gerichte. Die umfangreiche Karte enthält Klassiker wie das langsam geschmorte Eintopfgericht Haleem aus Weizen, (Lamm-)Fleisch und Linsen oder Nihari aus geschmortem Rind, das buchstäblich zerfällt, serviert mit heißem Fladenbrot. Hierher kommt man auch zum People Watching – an

manchen Abenden teilt man sich die Location mit Bauarbeitern aus Bangladesch genauso wie mit einem indischen Designer oder einem britischen Küchenchef.
183 E4 Al-Satwa Road, Satwa 04 3 315353
tägl. 5–2 Uhr

Time Out Market €€
Ein Erfolgskonzept, das selbst im verwöhnten Dubai seinesgleichen sucht: 17 hervorragende, allesamt aufwendig und extravagant gestaltete Restaurants und Cafés empfangen in einem opulenten Food-Court ihre Gäste im dritten Stock des Replika-Souks Al Bahar. Das Konzept hat sich schon in Metropolen auf der ganzen Welt bewährt, hier wurde es besonders gut umgesetzt. Vom Pariser Straßencafé hin zur Londoner Food Hall oder dem New Yorker Steakhouse der 1940er-Jahre, hier kann man je nach Appetit die Szenerien wechseln. Vom libanesischen Streetfood zur klassisch italienischen Küche von Fulvio`s. Keine Reservierungen möglich.
182 B2 Downtown, Souk Al Bahar
www.timeoutmarket.com Mo–Fr 12–24, Sa u. So 10–24 Uhr

Wohin zum ... Einkaufen?

Die Dubai Mall (S. 102) ist natürlich die erste Wahl für eine ausgedehnte Einkaufstour. Die Einkaufszentren im älteren Teil von Jumeirah sind gegenüber denen am anderen Ende dieses Stadtteils etwas in die Jahre gekommen. Sie wurden einst rasch aus dem Boden gestampft, um vor allem dem steigenden Bedarf der umliegenden Einwohner gerecht zu werden. An touristische Shopper hat man dabei nicht so sehr gedacht. Deshalb gibt es hier nicht unbedingt die neuesten Flagship Stores der großen Markenartikler – aber durchaus einiges zu entdecken. Vom Design her sind die meisten Einkaufszentren angenehm sachlich und nüchtern gehalten – bis auf die Mercato Mall mit seiner Hommage an die venezianische Architektur.

Wenn Sie eine Pause vom Shopping brauchen, bietet sich das Majlis Cafe in der Dubai Mall für eine Tasse Kaffee an.

Jumeirah Plaza
Eine bunte Mischung von Läden bietet das in Pink gehaltene Einkaufszentrum, und das Café Dome.
183 D4 Jumeirah Beach Road, gegenüber der Moschee von Jumeirah
04 3 497111 tägl. 8–22 Uhr

Town Centre Jumeirah
Schönheitspflege ist die Spezialität der Geschäfte dieses kleinen Einkaufszentrums. Nach einer Fußmassage bei Feet First hat man neue Energie für den Einkaufsbummel.
182 C4 Jumeirah Beach Road, neben dem Mercato 04 3 440111
www.towncentrejumeirah.com
tägl. 10–22 Uhr

Magrudy's
Diese Buchhandlung führt eine große Auswahl an Titeln zu den verschiedensten Themen wie Reise, Kochen, Kunst und Biografien. Weitere lohnende Geschäfte sind die Apotheke, ein Lebensmittelladen für Vollwertkost und die Patisserie Gerard's.
183 E4 Jumeirah Beach Road, bei der Moschee von Jumeirah
04 3 444193 www.magrudy.com
tägl. 9–22 Uhr

Mercato Mall
Nomen est Omen: eine gewaltige gläserne Kuppel wölbt sich über die im Stil einer

italienischen Stadt der Renaissance errichtete Mall. Pastellige Farben, abblätternder Putz, mit Kopfstein gepflasterte Gassen, die zu kleinen Piazzas führen: an heißen Sommertagen lieben es nicht nur europäische Expatriates, hier einzukaufen und in einem der Cafés eine Latte Macchiato zu trinken. Die Auswahl der Boutiquen ist international, neben Mode gibt es auch einen Reihe von Interieur- und Kunstgewerbe-Läden sowie einen gut sortierten Supermarkt.
182 C4 ✉ Jumeirah Beach Road
☎ 04 344 41 61
www.mercatoshoppingmall.com
tägl. 10–22 Uhr

Souk Al Bahar
Weihrauschwaden und süßliche, orientalische Gerüche zeigen, dass man es in diesem Souk, einer Replik alt-orientalischer Ladengassen, ernst meint mit der Illusion, das 21. Jh. hinter sich zu lassen und einzutauchen in die Vergangenheit. Sie sind auf der Suche nach einem folkloristischen Souvenir? In den kleinen, architektonisch höchst originell gestalteten Boutiquen, gibt es bestickte Kaftane, Kamele aus Stoff und ausgefallene Wohnaccessoires, die ins eigene Zuhause etwas orientalisches Flair bringen, nicht eben günstig, doch kann man in dieser Lage anderes erwarten?
182 C2 ✉ Downtown Dubai, Sheikh Mohammed bin Rashid Boulevard
tägl. 10–22 Uhr

Wohin zum ... Ausgehen?

BARS UND CLUBS

Boudoir
Um vor den Türstehern dieses exklusiven Clubs bestehen zu können, ist elegante Kleidung unverzichtbar. Das Interieur prunkt mit vielen Kerzen, schwerem Damast und üppigen Sofas im Stil des Fin de Siècle. Dienstagnacht gibt's für Damen kostenlos Sekt, am Mittwoch Cocktails.
183 D/E5 ✉ Dubai Marine Beach Resort & Spa (S. 116), Beach Road
www.myboudoir.com
tägl. 10–22 Uhr

Cin Cin
Eine der glamourösesten Bars von Dubai. Spezialisiert auf Champagner und einige der dekadentesten Barsnacks, von kleinen Wagyu-Burgern über Austern bis hin zu iranischem Kaviar, zieht sie ein schickes Publikum an, das auch die Musik schätzt. Man sitzt wahlweise auf hohen Polsterstühlen oder niedrigen Ledersofas. Dubais angesagtester DJ, Sticky Fingers, legt jede Woche auf. Die Bar eignet sich hervorragend für einen Drink vor dem Essen im Exchange Grill nebenan (P103).
183 E3 ✉ The Fairmont Hotel
☎ 04 311 83 16 www.fairmont.com
tägl. 19–2 Uhr

Fountain Bar
Ob auf ein Bier oder für einen exotischen Cocktail: immer wieder aufregend ist der Blick von dieser stylishen Bar auf Burj Khalifa und Dubai Fountain. Für ein besonderes Event kann man den »Editor's Table« buchen, wo sich die Barkeeper, die man hier »Mixologists« nennt, besonders um die Gäste kümmern und für diese eigene Drinks kreieren. Reservierung unter reservations dxb@timeoutmarket.com
182 B2 ✉ Downtown, Souk Al Bahar
www.timeoutmarket.com
Mo–Fr 12–24 Uhr, Sa u. So 10–24 Uhr

Iris Bar
Die Rooftop-Bar im hypermodernen Luxushotel Oberoi ist einer der besten Orte, um bei einem Sundowner die Aussicht auf den nahen Burj Khalifa zu genießen, zwar nicht ganz auf Augenhöhe, aber immerhin im 22. Stockwerk. Neben (häufiger) Livemusik erwarten Sie köstliche Tapas (wie z. B. Tacos mit Krebsfleisch) und eine beeindruckende Liste von Cocktails wie alkoholfreien Getränken.
182 A2 ✉ Oberoi, Business Bay, Al-Amaal Street ☎ 04 3 34 33 55
So–Mi 18–3, Do bis Sa 18–4 Uhr

Sho-Cho
Weiße Ledermöbel, große Aquarien mit tropischen Fischen und eine gedämpfte Neonbeleuchtung: Auch diese minimalistische Bar ist sehr beliebt. Man kommt wegen der Musik, aber es gibt auch köstliches Sushi. Im Winter spielt sich das Geschehen auf der Dachterasse mit Aussicht auf den Strand ab.
✈ 183 D/E5 ✉ Dubai Marine Beach Resort & Spa (S. 116), Beach Road
☎ 04 346 11 11
🌐 www.sho-cho.com ● 19–2.30 Uhr

WELLNESS

Chi, The Spa at Shangri-La (S. 117)
Nach einer Besuch im Dampfbad gefolgt von einer 90-minütigen »Chi Balance«-Massage sind Sie wieder top-fit für weitere Entdeckungen in Dubai. Toll sind auch die div. halbstündigen treatments, die verspannte Schultern oder andere Wehwehchen wieder ins rechte Lot rücken oder, wie es hier heißt, das Chi zum Fließen bringen.
✈ 182 C3 ✉ Sheikh Zayed Road
☎ 04 4 28 78 05

The Spa at The Palace
Der exklusive Zufluchtsort im luxuriösen Ambiente eines arabischen Badehauses bietet Pflege und Entspannung für Körper und Geist: Whirlpool, Monsunduschen, Dampfbäder, Massage- und Kosmetikanwendungen. Eigener Behandlungsraum für Paare.
✈ 182 C2 ✉ The Palace, The Old Town, Downtown Dubai ☎ 04 428 78 88
🌐 www.theaddress.com
● Anwendungen: tägl. 9–22 Uhr

AKTIVITÄTEN

Dubai Offshore Sailing Club
Der Segelclub wirkt einladend und bietet auch Nichtmitgliedern Einzel- und Gruppenunterricht an. Die Stunden kosten zwischen 200 und 300 Dh.
✈ 182 A4 ✉ Beach Road, beim Safa Park
☎ 04 394 16 69 🌐 www.dosc.ae
● Mo–Fr 9–18 Uhr

Kitepeople
Am Ende des kostenlosen Strandabschnitts bei der Kreuzung 3 liegt Kite Beach. Die auflandigen Winde und das warme Wasser haben dem Kitesurfen in Dubai zu großer Popularität verholfen, auch wenn nach einigen schweren Unfällen die Bestimmungen zunehmend strenger wurden. Bei Kitepeople ist alles Notwendige zu kaufen oder zu mieten; es gibt Anfängerunterricht und allerlei Tipps.
✈ Außerhalb der Karte bei der Interchange 3
✉ Sheikh Zayed Road
☎ 04 286 39 3 🌐 www.kitepeople.ae

KULTUR

Art Space
Als Förderin einheimischer Talente und Promoterin der Kunst des Nahen Ostens ist diese Galerie eine Fundgrube für Kreatives aus den Golfstaaten, das man prima auch als Mitbringsel verwenden kann. Die Website informiert über aktuelle Ausstellungen und Künstler sowie über die Termine verschiedener Vernissagen.
✈ 183 D3 ✉ The Gate Village, Bldg. 3, Level 2, DIFC ☎ 04 323 08 20
🌐 www.artspace-dubai.com
● So–Do. 10–20 Uhr

Mestaria Gallery
Als wahre Fundgrube erweist sich diese in einer Privatvilla untergebrachte Galerie. Das Angebot reicht von Antiquitäten aus dem Mittleren Osten bis hin zu zeitgenössischen Werken etablierter und unbekannter Künstler. Neben alten Karten findet man persische Schwerter, an Aladins Wunderlampe erinnernde antike Kaffeekannen, persische Khanjars (Krummdolche), antike Truhen oder Schmuck. Besonders attraktiv: massiv silberne Fußspangen aus dem Oman. Das Personal berät mit großer Sachkenntnis und gut geschulter Freundlichkeit.
✈ 186 südöstl. A3 ✉ Unit 35, Alserkal Av., Street 8
☎ 04 379 09 40
● tägl. 10–19 Uhr
🌐 www.mestaria.art

In der Mall of Emirates shoppt man nicht nur in einem der größten Einkaufszentren Dubais, man fährt auch Ski ...

Westliches Jumeirah und New Dubai

Von der künstlichen Insel zur Dubai Marina: Hier wurde spektakulär am Wasser gebaut.

Seite 122–153

Erste Orientierung

Der Stadtteil erstreckt sich vom Burj Al-Arab nach Westen. Die Hotels, Einkaufszentren und Themenparks entstanden längs der Sheikh Zayed Road. Mittlerweile reicht »New Dubai« über die neue Dubai Marina hinaus bis zum Containerhafen Jebel Ali.

Moderne Sehenswürdigkeiten

Von Ost nach West ist allen Attraktionen eins gemeinsam: Sie sind hypermodern. Auf Höhe der Kreuzung 3 beherrschen zwei Wahrzeichen das Küstenpanorama: das Jumeirah Beach Hotel (S. 147) in Gestalt einer riesigen Brandungswelle sowie die Architekturikone Burj Al-Arab (S.130), an deren Zufahrt der populäre Wassererlebnispark Wild Wadi (S. 142) liegt. Zu diesem gehört das Wipe-out, eine endlos brechende Welle für ultimatives Surfvergnügen, doch mit der Eröffnung des Aquaventure-Parks im Atlantis, The Palm (S. 134) erwuchs ernsthafte Konkurrenz. In Nachbarschaft des Burj Al-Arab erstreckt sich der prachtvolle Gebäudekomplex der beiden Luxushotels von Madinat Jumeirah (S. 136): des Al-Qasr und des Mina A'Salam (S. 147). Zum öffentlich zugänglichen Teil gehören der Madinat Jumeirah Souk, mehrere Restaurants und ein Nachtclub.

Ehrgeizige Projekte

Die riesige Mall of the Emirates, mit 500 Geschäften und zwei Luxushotels ist eines der größten Einkaufszentren der Welt. Falls Sie sich über die silbergraue Röhre an der Seite des Gebäudes wundern: Hier ist der einzige Ort in den Vereinigten Arabischen Emiraten, in dem eine Wollmütze und warme Handschuhe nützlich sein können, nämlich im ersten überdachten Wintersportzentrum weit und breit.

An der nächsten Kreuzung liegt die Dubai Marina (S. 132), der Hafen, in dem makellose Jachten und Sportboote vor Anker gehen. Auf einem offenen Markt werden Kunsthandwerk, Modeschmuck und Souvenirs verkauft. Spektakulärste Sehenswürdigkeit ist die verzweigte künstliche Insel Palm Jumeirah, die sich von der Küste bei Internet City in den Arabischen Golf schiebt, erreichbar per Straße oder Einschienenbahn (Monorail ab Metrostation Gateway

TOP 10

❻ ★★ Burj Al-Arab

❿ ★★ Dubai Marina

Nicht verpassen!

㉜ Atlantis, The Palm

㉝ Madinat Jumeirah

㉞ Mall of the Emirates

㉟ The Walk at JBR

Nach Lust und Laune!

36 Emirates Hills

37 Wild Wadi

38 Dubai Parks & Resorts

39 Dubai Sports City

Towers). Sie wird gesäumt von einer 11 km langen, als Wellenbrecher fungierenden Mole. Am Scheitelpunkt der Palme thront ihr Kronjuwel, die Luxushotelanlage Atlantis, The Palm (S. 134) – ein gewaltiger, rosafarbener Palast, der Assoziationen an versunkene Unterwasserwelten wecken will und zu dem der Wasserpark »Aquaventure« mit seinen sehr vielfältigen Attraktionen gehört.

Mein Tag am Wasser

Ein neuer wolkenloser Tag, die Luft wie geschaffen für die neue weiße Leinenbluse. Sie haben genug von Shopping, Sightseeing und Superlativen, brauchen etwas Bewegung, wollen ans Wasser, Dubais Strände sehen. Ideale Voraussetzungen um die JBR-Promenade, Dubais Marina und Palm Jumeirah, die künstliche Palmeninsel zu entdecken.

9 Uhr: Promenade am Meer

Dubai macht es Fußgängern nicht leicht, doch in dieser Hinsicht ist ㉟ The Walk at JBR eine echte Oase. Starten Sie am Ritz-Carlton Hotel, einem der wenigen niedrigen Luxusherbergen der Stadt und im mediterranen Palazzo-Stil erbaut. 1,7 Kilometer lang ist der von Palmen flankierte Boulevard, der zum Joggen und Flanieren einlädt. Seit kurzem zeigen Künstler hier auch ihre Projekte, Bilder und Kunstobjekte, eine tolle Ausstellung bis in die späten Abendstunden hinein.

11 Uhr: Badepause gefällig?

Der schneeweiße Jumeirah Beach verlockt dazu, sich zu erfrischen oder auch am Strand zu relaxen. Hier ist immer etwas los, vom morgendlichen Yoga-Unterricht zur Aqua-Gymnastik. Toll ist auch die Umgebung mit Blick auf die Kulisse der Wolkenkratzer der Jumeirah Beach Residences (JBR).

13 Uhr: Wasser macht hungrig

Schlendern Sie weiter bis zur nahen ⑩ ★★ Dubai Marina. Rund um den größten künstlichen Jachthafen

16 Uhr: Die Insel ruft

9 Uhr: Promenade am Meer

11 Uhr: Badepause gefällig?

13 Uhr: Wasser macht hungrig

Am Jumeirah Beach kann man die Seele baumeln lassen.

der Welt entstand eine gewaltige Stadt in der Stadt, charakterisiert durch spektakuläre Hochhäuser. Jachten und Segelboote ankern in einer der Anlegestellen, während die Uferpromenade Besucher zum Flanieren einlädt. Nehmen Sie Platz in einem der vielen Terrassencafés, beispielsweise der edel gestylten Dubai Marina Mall. Steigen Sie anschließend in eines der Watertaxis, die an den ausgewiesenen Haltestellen Passagiere aufnehmen und setzen das Sightseeing vom Wasser aus fort.

16 Uhr: Die Insel ruft

Mit der Dubai Tram, einer ultramodernen Straßenbahn, geht es von der Marina Mall Station zu Palm Jumeirah (Station 9). Dort wechseln Sie in die Monorail: in der auf meterhohen Pfeilern verlaufenden Hochbahn haben Sie (besser als in jedem Taxi) einen tollen Überblick über die Bebauung auf der künstlichen Palminsel. Steigen Sie an der Endstation in der Mitte des Crescent aus und schauen Sie sich die zum pinkfarbenen 32 Atlantis-Resort gehörenden und fantastisch gestalteten Unterwasserwelten der Lost Chambers an, prächtig in Szene gesetzte Unterwasserräume. Zwischen 50 000 Fischen – darunter Mantarochen, Katzenhaie und Clownfische – und anderen Meeresbewohnern liegen Kopien antiker Ruinen

Vor dem Besuch der Palm Jumeirah (oben) und dem dortigen Lost Chambers (rechts) sollten Sie noch an der Dubai Marina vorbeischauen (unten).

und futuristisch gestylte Deko-Elemente, die Requisiten einer frei fabulierten Atlantis-Legende sind. Anschließend bummeln sie durch die, ebenfalls im nautischen Stil gestaltete Ladengalerie des Atlantis. Schoko oder Pistazie? In einem Eiscafé gibt's das beste Waffeleis von Dubai!

19.30 Uhr: Dinner am Meer

The Palm Jumeirah verwöhnt mit großartigen Strandhotels. Winken Sie sich ein Taxi heran und dann ab ins One & Only The Palm, wo sie zielstrebig die »101 Dining Lounge« am resorteigenen Jachthafen ansteuern: zu köstlichen Tapas und mediterranen Gerichten gibt es den kaum zu toppenden Blick auf die funkelnde Skyline der Stadt. Hier kann man den Tag nochmal Revue passieren lassen. Was hat Sie beeindruckt? Was war am Schönsten? Gefällt Ihnen Dubai am Wasser? Lassen Sie den Blick schweifen: Besser kann ein Tag kaum ausklingen ...

❻ ★★ Burj Al-Arab

Warum?	Diese innenarchitektonische Melange aus Sciene Fiction, Karl Lagerfeld und arabischem Palast wollen Sie mit eigenen Augen sehen.
Was?	»High« Tea auf arabisch
Wie lange?	Ein Stündchen, das schnell vergeht
Wann?	Kurz vor Sonnenuntergang
Was nehme ich mit?	»Geht nicht« oder »passt nicht zusammen« gilt ab jetzt für mich nicht mehr!

Exakt 321 Meter hoch ragt der »Arabische Turm« in den Himmel: Damit ist diese Luxusunterkunft zwar nicht (wie oft fälschlich behauptet) das höchste Hotel der Welt (das ist das 601 Meter hohe Royal Clock Tower Hotel in Mekka), aber wohl das spektakulärste.

Ein Blick in die Lobby des Burj Al-Arab

Der Architekt Tom Wright wollte mit diesem Gebäude der prosperierenden Stadt nicht nur ein neues, ikonengleiches Wahrzeichen geben, sondern zugleich auch auf Dubais Vergangenheit als alte Hafenstadt anspielen. Deshalb gestaltete er die Silhouette des Turms in Form eines Segels. Die Fassade besteht aus teflonbeschichtetem, verwobenem Glasfasermaterial. Tagsüber leuchtet sie blendend weiß, bei Nacht wird sie zur Leinwand für eine farbenprächtige Lichtshow.

Luxuriöses Kultsymbol

Der Burj Al-Arab steht rund 280 m von der Küste entfernt auf einer künstlich angelegten Insel; es scheint, als schwebe der Hotelturm im Meer. Das Sicherheitspersonal am Torhaus der Brücke lässt Sie nur vorbei, wenn Sie die Reservierung für eines der Restaurants, Cafés oder für eine der Bars vorweisen können. Der Besuch lohnt sich – und sei es nur, um die Inneneinrichtung zu bewundern. Alles, was hier glänzt wie Gold, ist auch Gold: Insgesamt wurden im ganzen Burj Al-Arab 1600 m² 24-karätiges Blattgold verarbeitet.

Der Burj Al-Arab in der Abenddämmerung scheint auf dem Arabischen Meer davonzusegeln.

Ein Bau der Superlative

Das spektakuläre Bauwerk ruht auf einem Fundament aus 2,5 m dicken, 40 m tief ins Erdreich gerammten Pfählen. Baubeginn war 1994, eröffnet wurde das Hotel im Dezember 1999. Rund 1500 Angestellte kümmern sich um 202 zwischen 170 und 780 m² große Suiten. Den Gästen steht rund um die Uhr ein privater Butlerservice zur Verfügung. Wenn man einen Rolls-Royce samt Chauffeur für einen kleinen Ausflug wünscht – der Butler kümmert sich darum. Oder soll es ein Helikopter-Shuttle zum Flughafen sein? Für 9000 Dh ist man dabei ... Auf jeder Etage gibt es eine eigene Rezeption. Der Lift an der Außenfassade befördert die Gäste zu den jeweiligen Stockwerken. Neun Spitzenrestaurants, vier Swimmingpools (zwei außen, zwei innen), ein sensationeller, sich über zwei Etagen erstreckender Spa & Health Club sowie ein Privatstrand lassen keine Wünsche offen.

KLEINE PAUSE

Zum High Tea in die **Skyview Bar** im 27. Stock des Burj Al-Arab, das ist schon ein abgehobenes Erlebnis. Eine vorherige Reservierung zur Teatime (13–18 Uhr) ist notwendig, z. B. auf der Website des Hotels (www.burj-al-arab.com), und natürlich hat das Ganze seinen stolzen Preis (450 Dh incl. einem Glas Roederer-Champagner).

---

i

✈ 187 D1 ✉ Umm Suqeim
☎ 04 3017777
🌐 www.jumeirah.com
🚇 First Gulf Bank (Red Line)

⑩ ★★ Dubai Marina

Warum?	Nichts kühlt so schön wie der Blick auf Palmen, Wasser und sich darin spiegelnde Hochhäuser
Was?	Mit einem Becher Kaffee in der Hand am Wasser entlang laufen und Jachten begucken
Wie lange?	Bei einem Abstecher in die Marina Mall können es ein paar Stunden werden
Wann?	Gleich nach dem Aufstehen oder in den Nachmittagsstunden
Was nehme ich mit?	Zu einer richtigen Marina gehören doch Wolkenkratzer!

Das Herzstück des »neuen Dubai« ist eine Kombination von Freizeit- und Wohnvierteln. Es gibt exzellente Cafés und Restaurants zu entdecken.

Die Dubai Marina ist um einen Wasserweg herum angelegt, der landeinwärts an den Luxushotels des Viertels Al-Sufouh entlang verläuft. An diesem künstlichen Hafen haben die Bauplaner zahlreiche Aussichtspunkte eingerichtet, von denen man die Szenerie beobachten kann. Am besten entdecken Sie die Marina während eines Abendspaziergangs, wenn die Restaurantgäste auf den Terrassen sitzen und die Lichtreflexe der benachbarten Wolkenkratzer betrachten. Die Immobilienpreise in der 4 km langen Anlage sind hoch; manche Apartments kosten über 1 Mio. Dh. Von Mittwoch bis Samstag findet auf der Promenade ein von den hier lebenden Auswanderern organisierter Kunstgewerbemarkt statt. Das Angebot unterscheidet sich zwar nicht groß vom dem europäischer Märkte, dennoch lohnt es sich gerade in den kühleren Wintermonaten, hier nach Souvenirs Ausschau zu halten. In der heißen Jahreszeit zieht es einen eher zum Einkaufen in die neue Dubai Marina Mall (S. 133) mit ihren 160 Läden auf vier Etagen, guten Cafés und Restaurants, einige mit Blick von oben auf die Marina, andere am Marina Walk gelegen. An der Uferpromenade zu beiden Seiten des Eingangs befinden sich zahlreiche Restaurants, in denen meistens kein Alkohol ausgeschenkt werden darf. An

Traumhafte Jachten und Sportboote liegen an der Dubai Marina.

den Wochenenden kommen viele Familien hierher; Kinder spielen an den reich verzierten Springbrunnen, Familienväter sitzen bei einer Shisha im Café.

Spitzenklasse Wassersport

Die Dubai Marina ist ein großartiges Betätigungsfeld für Wassersportler. Der Dubai International Marine Club mit Hauptsitz neben dem Hotel Westin Dubai Mina Seyahi organisiert Regatten in fast jeder bekannten Bootsklasse, darunter die hochrangigen Powerboat-Rennen, Dhau-Segelregatten, Jetski-Rennen und Regatten mit Kielbooten, Dinghis sowie anderen Bootstypen.

KLEINE PAUSE

Die kleine und überschaubare **Dubai Marina Mall** besitzt eine Reihe von schönen SB-Cafés mit Terrassen zum Wasser hin. Entsprechend beliebt bei Einheimischen und Besuchern, kann man froh sein, wenn man einen der Plätze ergattert.

188 C1 Kreuzung 5, Sheikh Zayed Road www.dubai-marina.com
Damac (Red Line), Umsteigen in die Straßenbahn

Dubai International Marine Club
043995777 www.dimc.ae

㉜ Atlantis, The Palm

Warum?	Wahrzeichen der künstlich angelegten, die Umrisse einer Palme nachzeichnenden Insel
Was?	Komplexe Erlebniswelt mit 1539 Hotelzimmern und dem größten Wassererlebnispark des Nahen Ostens
Wie lange?	Mind. einen halben Tag
Wann?	Früher Morgen oder später Nachmittag
Was nehme ich mit?	Aufregende Anfahrt per Monorail ab Station Gateway Towers am Anfang von Palm Jumeirah

Palm Jumeirah ist eine vor der Küste Dubais aufgeschüttete Inselgruppe, die die Form einer Palme hat. Eine 300 m lange Brücke verbindet die Inselwelt mit dem Festland. Aushängeschild von Palm Jumeirah ist das Luxushotel Atlantis. Es gibt zudem Vergnügungs- und Wasserparks.

Aquaventure nennt sich ein spektakulärer Vergnügungspark rund um das Thema Wasser auf 46 ha Grund, mit Stromschnellen, Wildwasserabschnitten und Wellenbecken und einem im mesopotamischen Stil errichteten, 30 m hohen Tempelturm Ziggurat im Zentrum – Ausgangspunkt für sieben Erlebnisrutschen, die größten Nervenkitzel bieten. Einer davon ist der Leap of Faith, bei dem die Gäste das prickelnde Gefühl des freien Falls erleben, bevor sie (geschützt durch einen Glastunnel) in der Shark Lagoon mit Haien landen. Zudem gibt es den Splashers-Wasserspielplatz mit Rutschen und Wasserfällen für jüngere Kinder und Zugang zu einem kleinen Strand.

Dem Mythos Atlantis auf der Spur: In den 20 Aquarien der Lost Chambers leben rund 65 000 Meeresbewohner.

Im Delfinzentrum Dolphin Bay kann man sich im hüfthohen glasklaren Wasser watend Großen Tümmlern nähern und die verspielten Tiere beim Umherschwimmen oder der Vorführung diverser Kunststücke beobachten. Maximal zehn Besucher pro Delfin (sogar Nichtschwimmer werden zugelassen) dürfen nach einer kurzen Orientierungsphase für eine halbe Stunde die Tiere im Wasser berühren, sie umarmen,

Anfahrt mit der Monorail zur künstlich angelegten Insel

oder mit ihnen Ball spielen. Ob es eine gute Idee ist, die Delfine diesem Stress auszusetzen, ist eine andere Frage.

Zum Atlantis Hotel, dessen maritim-futuristisch gestyltes Foyer leider nur von Hotelgästen betreten werden darf, gehören die im Bereich einer Ladengalerie liegenden und für alle Besucher zugänglichen Lost Chambers, ein geheimnisvolles Labyrinth aus Unterwassertunnels und -gängen, die den Mythos der untergegangenen Stadt Atlantis fantasievoll in Szene setzen. In 20 Aquarien leben hier etwa 65 000 Meeresbewohner, darunter leuchtende Quallen, düstere Muränen oder exzentrische Rotfeuerfische.

Die besten Zeiten für einen Besuch der Ambassador Lagoon sind der frühe Morgen oder der späte Nachmittag, wenn bei Fütterungen Haie (hinter einem Fenster) mutigen Tauchern riesige Brocken rohen Fisch aus den Händen reißen, elegante Stachelrochen sich zum Beutefang tief in den Sand graben und Schwärme kleinerer Fische versuchen, ihrerseits ein Stück vom Kuchen zu ergattern.

KLEINE PAUSE

17 Bars und Restaurants treffen jeden Geschmack. Toll für Burger & Co sowie für den Aperitif ist die jung designte Sport-Brasserie Wavehouse mit Blick ins Aquaventure.

---

i

✈ 188 westl. E1 ✉ Palm Jumeirah
☎ 04 426 00 00
🌐 www.atlantisthepalm.com ◔ Attraktionen im Aquaventure: tägl. 10 Uhr bis Sonnenuntergang.

The Lost Chambers
◔ tägl. 10–1 Uhr
🎟 116 Dh (ab 12 J.), Hotelgäste frei

Aquaventure
🎟 302 Dh, Kinder (unter 1,20 m) 265 Dh
🚇 Nakheel (Red Line), dann Bus oder Taxi

33 Madinat Jumeirah

Warum?	Wasserkanäle, Cafés und dunkle Soukgassen
Was?	Luxushotels im altarabischen Stil
Wann?	Am schönsten in den Abendstunden
Wie lange?	Kommt drauf an, ob es noch ins Theater geht
Was nehme ich mit?	Schokolade aus Kamelmilch

Luxus pur in einer opulenten Märchenwelt wie aus Tausendundeiner Nacht begegnet man in dieser – aus drei Hotels mit Dutzenden von Restaurants, Cafés, mehreren Clubs und Diskotheken sowie einem edel gestalteten orientalischen Souk bestehenden – »Stadt« (arab.: madinat): alles mit Blick auf den faszinierenden Burj Al-Arab.

Tatsächlich ist dieser Hotel-, Shopping- und Freizeitkomplex eine Art »Stadt in der Stadt«. Bei der Übernachtung haben Sie die Qual der Wahl zwischen dem Al Qasr (»der Palast«), dem Nachbau einer Sommerresidenz des Scheichs mit aufwendig geschnitzten Holzdecken, dem Mina A'Salam (»Hafen des Friedens«) mit seinen 292 Zimmern oder dem Dar Al-Masyaf, der luxuriösesten Unterkunft im Madinat Jumeirah. Zur Letzteren gehören doppelstöckige Villen samt eigenem Pool im Stil der traditionellen arabischen Sommerpaläste mit ihren typischen Windtürmen. Elektrische Wassertaxis (Abras) sorgen für den

Im Vordergrund dümpelt ein Wassertaxi und über allem thront die imposante Shilouette des Burj Al-Arab.

Bautechnische Meisterwerke sind die Windtürme: ein ausgeklügeltes Klimaanlagensystem.

Im Souk im Madinat Jumeirah gibt es einige Mitbringsel zu entdecken.

Transport der Hotelgäste und Restaurantbesucher über ein 4 km langes Kanalsystem. In den mehr als 70 Läden des Souk findet man gut gemachte Mitbringsel: Die Qualität der Waren (vornehmlich Antiquitäten, Kunsthandwerk und hochwertige orientalische Lebensmittel) ist sehr gut. Die vielen vorzüglichen Cafés, Bars und Restaurants an der Promenade laden zum Essen oder zu einer kurzen Pause ein. Im Madinat gibt es auch das erste Theater Dubais, das Madinat Theatre. Neben russischem Ballett werden hier (während des Dubai International Film Festival) auch Filme aus dem Mittleren Osten gezeigt. Im strandnahen Amphitheater mit seinen 1000 Sitzplätzen finden Musikveranstaltungen statt. Besonders stimmungsvoll: Nachts werden die Palmen entlang des Kanalsystems beleuchtet.

KLEINE PAUSE

Im Bereich des **Souk Madinat** haben Sie eine große Auswahl an schönen Cafés und Restaurants, vom Preisniveau her gibt es aber beträchtliche Unterschiede. Am günstigsten ist es in einem der Cafés, der in den VAE verbreiteten Ketten, z. T. mit stimmungsvollem Blick auf die Wasserkanäle.

✢ 187 D1 ✉ Interchange 4, Sheikh Zayed Road

☎ 04 366 88 88 🌐 www.jumeirah.com
Mall of the Emirates (Red Line)

㉞ Mall of the Emirates

Was?	Dubais größte und prächtigste Mall
Wie lange?	Solange die Lust reicht
Wann?	Nur nicht am Wochenende
Was nehme ich mit?	Tüten, womöglich im Dutzend
Was noch?	Blick auf den Burj Khalifa

Die Schaufenster geben einen ersten Einblick in eine Welt voller Glanz und Glamour.

Think big: Als die Mall of the Emirates 2005 fertiggestellt wurde, war der mehrstöckige Komplex Dubais größtes Einkaufszentrum und eines der größten seiner Art weltweit. Heute gebührt ihm hier zwar nur noch der Rang drei (nach der im Bau befindlichen Mall of Arabia und der Dubai Mall), aber Einkaufsbummler finden auf 233 467 m² Verkaufsfläche ein irdisches Paradies, und auf Kinder wartet im Magic Planet eine Welt voller Wunder.

Die Mall of the Emirates ist kaum zu verfehlen: ein prunkvoller Bau an der Sheikh Zayed Road mit einer silbergrauen Röhre, die wie eine Zigarre seitlich herausragt (darin befindet sich das Ski Dubai). Um alle Attraktionen zu erkunden, die der Komplex zu bieten hat, bräuchte man mindestens einen Tag. Es gibt mehrere Eingänge, an denen Lagepläne erhältlich sind, die beim Rundgang helfen. Die größten Kaufhäuser sind die britischen Luxusgeschäfte Debenhams im Erdgeschoss und Harvey Nichols im ersten Stock. Die Kinderspielzonen Magic Planet (S. 138) und Peekaboo für die ganz Kleinen befinden sich ebenfalls im ersten Stock in der Nähe von Ski Dubai; ebenso der Kinokomplex Cinestar.

Shopping & Kultur

In der Mall of the Emirates bleiben keine Wünsche offen – 560 internationale Marken sorgen für ein überwältigend großes Angebot. In den meisten Läden wird Damen- und

Herrenkleidung verkauft. In der Via Rodeo etwa sind Armani, Marc Jacobs, Yves Saint-Laurent und andere große Namen vertreten. Viele Geschäfte bedienen die Themenbereiche Wohnen und Haushalt, daneben gibt es auch zahlreiche Läden für Elektrogeräte, Teppiche, Spielwaren, Parfüms, Schmuck, Accessoires, Bücher und Musikartikel. Dubais zweites Theater, das Dubai Community Arts Theatre, ein Multiplexkino und mehrere Galerien bieten zudem eine willkommene Komplettierung auch des kulturellen Lebens der Stadt.

Ski Dubai

Ein Blick von der Zuschauergalerie genügt, um zu erkennen, mit welcher Errungenschaft der Technik man es hier zu tun hat. In Sesselliften werden Skiläufer zu den Abfahrten der fünf Pisten befördert, darunter die erste schwarz gekennzeichnete Hallenabfahrt der Welt. In den Pausen kann man sich mit einem kleinen Imbiss in einem Café stärken, das an St. Moritz erinnert, oder im Café Avalanche auf halber Höhe. Die schöne und kalte Winterlandschaft wird von einer riesigen Klimaanlage erzeugt. Diese wird mit reinem Wasser gespeist, das man auf minus 8 °C herunterkühlt und, zu Schnee kristallisiert, aus Schneekanonen sprüht.

In der Spielhalle der Mall können so einige Rennen gewonnen werden.

Lassen Sie sich in die Eiswelt der Mall entführen, mitten in der Wüste!

Eine Faszination für sich: Die Wintersportanlage in der Mall

Auf diese Weise werden hier täglich bis zu 30 t Schnee produziert, die eine Fläche von 22 500 m², darunter der 3000 m² große Snow Park, bedecken. Dank einer ausgezeichneten Isolierung bleibt es im Ski Dubai auch in den Sommermonaten kühl – seine Erbauer beschreiben es durchaus zutreffend als den »größten Kühlschrank der Welt«. Mithilfe von 23 einzelnen Klimaanlagen wird eine Temperatur von minus 1 °C aufrechterhalten. Die Skihügel sind bis zu 85 m hoch, die Pisten bieten mit 80 m Breite und 400 m Länge ausreichend Platz für 1500 Besucher. Der Skipark ist bei Einheimischen und Gästen sehr beliebt, vor allem an Wochenenden ist eine frühzeitige Reservierung zu empfehlen. Ausrüstung und Winterkleidung stehen den Besuchern zur Verfügung.

Bei Bedarf kann man auch Unterricht nehmen. Dieser wird in Gruppen von bis zu zehn Personen oder als Einzelunterricht für 150 Dh pro Stunde bzw. 220 Dh für 90 Minuten (Kinder 190 Dh) angeboten.

Wer nicht Skifahren mag, der kann auch die Bobbahn, die Schneeballwurfgalerie oder die 90 m lange Quarter Pipe für Snowboardfahrer aufsuchen.

KLEINE PAUSE

Sushi, Hamburger oder einen schnellen Espresso? Je nachdem, was Ihnen gerade in den Sinn kommt, treffen Sie ihre Auswahl. Lassen Sie sich inspirieren von den vielen Möglichkeiten, den fantasievollen, aufwendig gestalteten Interiors der Cafés und tollen Restaurants.

i

187 D3 ✉ Interchange 4, Sheikh Zayed Road ☎ 04 409 90 00
www.malloftheemirates.com
Mall of the Emirates (Red Line)

Ski Dubai
☎ 0600 59 99 05
www.skidxb.com
Mo–Do 10–23, Fr 10–24, Sa, So 9–24 Uhr

㉟ The Walk at JBR

Warum?	Sehen und gesehen werden auf dem Boulevard
Was?	Das elegante Viertel zwischen Meer und Dubai Marina
Wie lange?	Zwei Stunden
Wann?	Ab dem späten Nachmittag
Was nehme ich mit?	Tolle Fotos und Eindrücke

The Walk at JBR verlieh Dubai eine betont mediterrane Note. Spazierengehen, sehen und gesehenwerden heißt die Devise von Einheimischen und Touristen, die die hübsche, rund 1,7 km lange Küstenstraße entlangspazieren und in der kühleren Jahreszeit auch gern die frische Meeresbrise genießen.

Nichts lässt sich mit The Walk vergleichen: In Dubai, wo man in der Regel in klimatisierten Malls shoppt, ist dies die längste Einkaufsstraße unter freiem Himmel.

The Walk at JBR: abends die ideale Bühne, um vor großem Publikum die neusten Sportwagen fortzuführen.

Abends und an den Wochenenden erwacht die ganze Szenerie erst richtig zum Leben. Dazu gehört auch, dass Porsche- oder Ferrarifahrer auf dem Weg zum Shoppingtempel ihre prestigeträchtigen Luxuskarossen in betont langsamer Fahrt zur Schau stellen.

KLEINE PAUSE

Hier findet man Dutzende von Restaurants und Cafés wie die französische Pâtisseriekette **Paul**, der preiswerte Italiener **La Dolce Vita**, das längst international vertretene **Starbucks** und **The Noodle Room.** Die gastronomische Auswahl ist riesig und zudem sehr familienfreundlich.

ⓘ

✈ 188 C1 ✉ The Walk at JBR
🚇 Dumac (Red Line)

Nach Lust und Laune!

36 Emirates Hills

Die auffallenden »Beduinenzelte« an der Sheikh Zayed Road weisen den Weg zum Emirates Golf Club, der leicht am satten Grün seiner Fairways zu erkennen ist, die sich von den staubigen Baustellen dieses Teils der Stadt abheben. Alljährlich richtet der Golfclub das Dubai-Desert-Classic-Turnier aus, dessen Preisgelder zu den höchsten der Welt gezählt werden. Hochrangige Golfer kommen von weither, um ihr Können auf diesem Golfplatz zu erproben. Der Emirates Golf Club verfügt über zwei Plätze (jeweils Par 72): Majlis und Faldo. Auf flutlichtbeleuchteter Driving Range und Übungsgrün können Neulinge ihre Technik verfeinern. Doch die Gegend um die Emirates Hills ist nicht nur für Golfspieler interessant – sie ist auch ein aufstrebender neuer Wohnbezirk.

188 D3

Emirates Golf Club
☎ 04 4 17 99 99 www.dubaigolf.com
Nakheel (Red Line)

37 Wild Wadi

Mit 30 Attraktionen für Erwachsene und Kinder sowie sechs Restaurants für das leibliche Wohl ist dieser Themenpark ein bereits 1999 eröffneter Vorläufer des Aquaventure-Wasserparadieses im Atlantis, The Palm (S. 134). Seine teils miteinander verbundenen Anlagen folgen thematisch den Spuren Juhas, des Begleiters von Sindbad und seinen Gefährten aus Tausendundeiner Nacht, die diverse Abenteuer erleben. Jumeirah Sceirah ist eine 33 m hohe Wasserrutsche, von der man mit 80 km/h in die Tiefe saust, Tantrum Alley eine Erlebnisrutsche, bei der man in zwei Bahnen hinabgleitet und mehrere Strudelwirbel durchquert. Vier Personen halten sich dabei an einem Schlauch fest, der in einen ersten Wirbel rast und sie, sich drehend und herumschlitternd, ins »Auge des Sturms« transportiert. Danch trifft man auf einen zweiten Wirbel, hinter dem man mit einem Platsch im Pool landet. Auch für jüngere Gäste gibt es ein breites Angebot, um sie bei Laune zu halten, darunter Juha's Dhow and Lagoon, ein interaktives Spielparadies für die ganze Familie mit Rutschen, Wasserkanonen und vielen weiteren Attraktionen.

187 D1 Burj Al-Arab Causeway
☎ 3 48 44 44 www.wildwadi.com
tägl. 10–18 Uhr
Mall of the Emirates (Red Line)
ab 269 Dh, Kinder ab 195 (bei online-Buchung vorab)

38 Dubai Parks & Resorts

Mögen Sie Themenparks? Dann ist das riesige Parkgelände des einstigen (mittlerweile umbenannten) Dubailands ein Paradies für Sie. Im Riverland Dubai, einer kostenlos

Wasserspaß für Groß und Klein im Wild Wadi

zugänglichen Flaniermeile, wird Appetit gemacht, auf das, was Sie hier alles erwartet: Akrobaten, Jongleure, ein mittelalterliches französisches Dorf, eine kräftige Prise Bollywood, Konzerte, Festivals. Drei große Themenparks existieren: Im Motiongate stehen Filmklassiker im Mittelpunkt, eine Art Walt Disney für Kinofans mit Karussells, Spielzonen und Wasserrutschen. Schließlich gibt es Bollywood, ein eher steriler Abklatsch des echten Indiens und seiner Filmszene. Legoland richtet sich hauptsächlich an Kinder und Familien. Einsamer Rekord: etwa 60 Millionen kleine bunte Legosteine wurden hier verbaut, es gibt Tausende von Lego-Modellen zu bestaunen und mehrere Dutzend fantasievolle, aufwendig gestaltete Fahrgeschäfte.

✉ Sheih Zayed Road (188 südl. A1), gegenüber von The Palm Jebel Ali
◑ tägl. 10–24 Uhr ✦ ab 175 Dh pro Themenpark
⊕ www.dubaiparksandresorts.com

39 Dubai Sports City

Vielfalt und Größenverhältnisse der vor den Toren Dubais geschaffenen Sportanlagen sind beeindruckend: etwas das Sports City mit dem International Cricket Stadium für 25 000 Zuschauer, der ICC Global Cricket Academy sowie dem meisterschaftsfähigen 18-Loch-Golfplatz The Els Club als erstem Entwurf von Profigolfer Ernie Els im Nahen Osten. Einige der Sportstätten werden auch bereits genutzt, etwa die Autorenn- und die Kartbahn. Im riesigen Autodrome, als Austragungsort für Formel-1-Rennen konzipiert, finden Motorsportveranstaltungen statt.

Das Kartdrome gegenüber bietet ähnliche Sensationen auf einem 1,2-km-Kurs. Es gibt zwei Karttypen mit Hondamotoren: Kid Karts (5 PS) für die Kleinen, die mindestens sieben Jahre alt sein müssen, und »ausgewachsene« Karts mit 13,5 PS. Die nachts mit Flutlicht beleuchtete Anlage des Kurses, der über eine Brücke hinweg und durch einen Tunnel hindurch führt, genügt höchsten Qualitätsstandards, sodass man sich hier durchaus wie ein Profirennfahrer fühlen kann.

✈ 187 östl. A3 Ⓜ Dubai Internet City (Red Line), Taxi bis Kreuzung Arabian Ranches, dann ausgeschildert zur Motor City.

Dubai International Cricket Stadium
Reservierungen unter: ☎ 04 425 11 11 oder ⊕ www.dubaisportscity.ae

Els Club
✉ Emirates Road, Dubai Sports City
☎ 04 425 10 00
⊕ www.elsclubdubai.com
◑ tägl. 6–23.30 Uhr

Autodrome und Kartdrome
☎ 3 67 87 00 (Autodrome), 3 67 87 44 (Kartdrome)
⊕ www.dubaiautodrome.com

Kartdrome »Arrive and Drive«
◑ So–Mi 10–22, Do–Fr 11–1, Sa 11–22 Uhr; während der Saison und an Feiertagen teils abweichende Öffnungszeiten

Magischer Moment

Zwischen Menschen aus aller Welt

Kurzmeditation à la Dubai: Fahren Sie einmal zur Rush Hour oder am Wochenende mit der Dubai Metro. Sie bekommen keinen Sitzplatz, stehen zwischen den unterschiedlichsten Menschen aus buchstäblich allen Teilen der Erde. Es wird geschwiegen, die Stimmung ist freundlich. Was daran magisch ist? Das werden Sie herausfinden, spätestens, wenn Sie zum wiederholten Male das tiefe »Alao Butuglav« kurz vor dem Wiederanfahren an einer Station hören, »doors close«.

Wohin zum … Übernachten?

Preise für ein Doppelzimmer pro Nacht:
€ unter 700 Dh
€€ 700–1500 Dh
€€€ über 1500 Dh

Erholung pur und eine erfrischende Abkühlung im Atlantis, The Palm

Atlantis, The Palm €€€
Das dominierende Gebäude am Scheitel der Palme (im Besitz des südafrikanischen Hotelmagnaten Sol Kerzner) ist in jeder Hinsicht etwas Besonderes, seine 1539 geräumigen Zimmer, sämtliche Serviceeinrichtungen, Restaurants, Wassererlebnispark, Aquarium, Spa und vieles andere sind Spitzenklasse. Beliebt bei Familien (die bei dem Riesenangebot das Gelände nicht verlassen müssen), doch weitab vom Zentrum Dubais.
188 westl. E1 Palm Jumeirah
04 426 00 00 www.atlantisthepalm.com

Grosvenor House €€€
Die zahlreichen Bentleys, Porsches und Range Rovers auf dem Parkplatz vermitteln eine Ahnung, welches Publikum sich in die Restaurants des Hotels locken lässt. Das Hotel selbst ist ein sich nach oben verjüngender Bau mit 45 Stockwerken. Hat man sein Zimmer erst einmal gefunden, möchte man nicht wieder weg. Die geschmackvolle Ausstattung entspricht mit Großbildfernseher und Highspeed-Internet dem neuesten technischen Stand. Im Wellnessbereich kommen Gäste von Kopf bis Fuß in den Genuss von Heilbehandlungen, darüber hinaus können sie auch die Einrichtungen und den Strandzugang des Schwesterhotels Le Royal Meridien Beach Resort (S. 147) auf der gegenüberliegenden Straßenseite nutzen. Zu den hervorragenden Restaurants – etwa das des moderne indische Küche kredenzenden Meisterkochs Vineet Bhatia vom Indego – gesellen sich auch erstklassige Bars. Am begehrtesten sind die Sitzplätze in der Buddha Bar (S. 151).
188 C2 Dubai Marina 04 399 88 88
www.grosvenorhouse-dubai.com

Holiday Inn Express €
Erstaunlich elegante, funktionale Zimmer, ein schickes Dachrestaurant, eine entsprechende Bar und ein Café: Die bevorzugte Lage im Herzen des Medienviertels zwischen Knowledge Village, Internet City und Media City eignet sich bestens, um etwa bei Konferenzterminen Geschäft und Erholung zu verbinden – oder um einfach einzukaufen und am Strand liegen zu können, ohne dafür Fantasiepreise bezahlen zu müssen.
188 A1 Knowledge Village
04 4 07 17 77 www.ihg.com

Ibis Mall of the Emirates €
Das direkt neben der Mall of the Emirates gelegene Economy-Class-Hotel (mit Metroanschluss) verfügt über 204 (allerdings recht kleine) Zimmer mit Klimaanlage und Internetzugang, ein italienisches Restaurant,

einen rund um die Uhr geöffneten Coffee Shop und eine Bar. Für den nicht vorhandenen Pool entschädigen Lage und Preise.
✈ 188 C1 ✉ 2A Street, bei der Sheikh Zayed Road ☎ 04 382 30 00 ⊕ www.ibishotel.com

Jumeirah Beach Hotel €€€

Das Resort mit seiner auffälligen Wellenform an einer Sandbucht gegenüber dem Burj Al-Arab ist seit Jahren eine Topadresse für den Strandurlaub mit Kindern. Geboten wird eine breite Palette an Aktivitäten in und auf dem Wasser sowie ein ausgezeichneter Kinderclub – noch mehr Wasserspaß gibt es dann gleich um die Ecke im Themenpark Wild Wadi. In Madinat Jumeirah und in der Mall of the Emirates ganz in der Nähe kann man nach Lust und Laune shoppen.
✈ 187 D1 ✉ Jumeirah Beach Road
☎ 04 348 00 00 ⊕ www.jumeirah.com

Jumeirah Mina A'Salam €€€

Das prächtige, luxuriös ausgestattete Hotel bietet 292 großzügige Zimmer, alle mit Meerblick und Balkon sowie exquisiten Bädern. Lage und Umgebung des Hotels sind ebenfalls perfekt. Ein besonderer Vorzug für Gäste: Das nicht öffentlich zugängliche Gelände von Madinat Jumeirah kann in einem Elektroboot auf künstlichen Wasserwegen erkundet werden. Es gibt acht Restaurants und Bars. Der freitägliche Brunch gilt als der opulenteste in der ganzen Stadt.
✈ 187 C/D1 ✉ Madinat Jumeirah
☎ 04 366 88 88 ⊕ www.jumeirah.com

One & Only Royal Mirage €€€

Die exklusive Hotelanlage umfasst drei unterschiedliche Wohneinheiten: das Hotel Residence mit Suiten und die Häuser Palace und Arabian Court mit konventionellen Zimmern. Aber selbst Letztere bieten in ihrer prachtvollen Ausstattung ein Fest für die Sinne. Familien sind in diesem auch bei Hochzeitsreisenden beliebten Resorthotel gut aufgehoben; ein kostenloses Kinderprogramm bietet Spiele und Unterhaltung.
✈ 188 E1 ✉ Al-Sufouh Road
☎ 04 399 99 99
⊕ www.oneandonlyresorts.com

The Ritz-Carlton €€€

Das sechsstöckige Hotel wird im mediterranen Palazzo-Stil von einem Wohnblock mit 40 Stockwerken überragt. Alle 138 Zimmer haben jedoch Meerblick. Das Resorthotel ist familienfreundlich; in den Landschaftsgärten findet man Kinderspielbereiche, es gibt ein beaufsichtigtes Spielzimmer für Vier- bis Zwölfjährige und ein Freibad mit Wasserrutschen. Zur übrigen Ausstattung gehören mehrere Restaurants, darunter ein traditionell gestalteter Essplatz im Freien, und das italienische Restaurant Splendido, in dem Antipasti sowie Fisch- und Fleischgerichte serviert werden.
✈ 188 C1 ✉ Al-Sufouh Road
☎ 04 399 40 00 ⊕ www.ritzcarlton.com

Le Royal Meridien Beach Resort & Spa €€€

Das luxuriöseste Le-Meridien-Hotel der Stadt hat 500 Zimmer mit Meerblick und Balkon. Gäste des neu entstandenen »Tower« werden von einem persönlichen Butler umsorgt. Das beste Preis-Leistungs-Verhältnis bieten die einfachen Zimmer. Zu den Einrichtungen gehören ein großzügig bemessener, penibel gepflegter Strandabschnitt, ein imposanter Badekomplex im römischen Stil sowie 14 Restaurants und Bars.
✈ 188 D1 ✉ Al-Sufouh Road ☎ 04 399 55 55
⊕ www.leroyalmeridien-dubai.com

Sofitel Dubai Jumeirah Beach €€

Dieses Hotel mit seinen 438 geräumigen Zimmern (viel dunkles Holz, geschmackvolle Textilien und Balkone mit Ausblick auf Palm Jumeirah) verströmt einen Hauch französischer Eleganz. Durch seine günstige Lage am Walk at JBR bietet es (neben fünf hoteleigenen Restaurants) optimalen Zugang zu dessen breitem gastronomischen Angebot. Einziges Manko: der recht kleine Outdoor-Pool, für den jedoch der direkt gegenüber gelegene Strand entschädigt. Für dessen Besuch stellt das Haus Badetasche samt Handtuch und Liegestuhl zur Verfügung.
✈ 188 C1 ✉ Jumeirah Beach Residence
☎ 04 448 48 48
⊕ www.sofitel.com

Wohin zum ... Essen und Trinken?

Preise für ein Hauptgericht (ohne Getränke und Service):

€	unter 60 Dh
€€	60–120 Dh
€€€	über 120 Dh

Keventers Milkshakes €

Seit 1923 im Geschäft, gegründet in den USA und jetzt der Hit in Dubai: Neben den Klassikern (in den Geschmacksrichtungen Schoko, Vanille und Erdbeer) gibt es auch Date Jallab (Dattelaroma) sowie die von vielen Kindern geschätzten Sorten Bubble Gum, Caramello Popcorn und Rainbow Slush. Ebenfalls köstlich sind die alkoholfreien Mojitos (z.B. Apple Lemongrass oder Grapefruit) sowie die hausgemachten Limonaden. Selbstbedienung und niedrige Preise!

188 westl E1 La Mer Central, Unit 2007, Palm Jumeirah ☎ 04 3 49 97 88 https://keventers.ae tägl. 10–0 Uhr

Maya €€€

Als Freund authentischer mexikanischer Küche sind Sie hier richtig. Der versierte Küchenchef stammt aus »Me-hi-co« – das merkt man schon bei der Margarita mit Salzrand, die einen perfekt auf die hier servierten Genüsse einstimmt, während die Guacamole am Tisch frisch zubereitet wird. Unabhängig von den aktuellen Empfehlungen des Küchenchefs sind Tortillasuppe oder gefüllte Chilis ein Muss, wenn sie auf der Tageskarte stehen. Wer einen Drink oben in der Terrassenbar mit Blick über den Ozean nehmen möchte, sollte rechtzeitig da sein.

188 D1 Le Royal Meridien Beach Resort (S. 146), Al-Sufouh Road ☎ 04 316 55 50 www.maya-dubai.com tägl. 19–24, Fr auch 13–16 Uhr

Nobu €€–€€€

Hier serviert Starkoch Nobu(yuki) Matsuhisa im stylishen Ambiente innovative Kreationen im Sinn einer ambitionierten Fusionsküche, in der sich japanische Perfektion mit

Lassen Sie sich im Nobu von einer faszinierenden Kombination der japanischen Küche mit Gerichten aus aller Welt verzaubern.

überraschenden Geschmackserlebnissen paart, etwa bei der Kombination von Alaska-Kabeljau mit Miso.

188 westl. E1 Atlantis, The Palm (S. 146), Palm Jumeirah ☎ 04 426 26 26 www.atlantisthepalm.com Mo.–Fr., So. 18–23, Sa. 12–15, 18–23 Uhr

Osh €€

Entspannte Atmosphäre in einem großen Lounge-Restaurant im Shopping- und Vergnügungsviertel La Mer. Neben klassischen libanesischen Gerichten gibt es russischen Borschtsch und georgianische Suppen, als Starter eiskaltes Kimchi (fermentierter Kohl) aus Korea und Tomaten-Carpaccio nach usbekischem Rezept.

188 westl. E1 La Mer North, Unit 703, Palm Jumeirah ☎ 055 9 63 67 56 oshdubai.com tägl. 13–2 Uhr

Ossiano €€€

Michelin-Sterne-gekrönt, zelebrieren die Köche des 2011 verstorbenen Santi Santamaria in einem weiteren Flaggschiff-Restaurant des Atlantis mit höchst exzentrischem Ambiente (Goldpfeiler vor Aquariumswänden), seinem einzigen Restaurant außerhalb Spaniens: Gourmetkunst der Extraklasse,

basierend auf fantasievoll abgewandelten Standards der katalanischen Küche. Nicht ohne Grund gilt seine Heimatstadt Barcelona als Spitzendestination der kulinarischen Welt ... Im Mittelpunkt stehen Meeresfrüchte aller Art. Neben Speisen à la carte gibt es monatliche Specials und Degustationsmenüs.
✈ 188 westl E1 ✉ Atlantis, The Palm (S. 146), Palm Jumeirah ☎ 426 2626
🌐 www.atlantis.com
🕐 Sa–So–Fr 18.30–24, Sa 13–15 und 19–24 Uhr

Pierchic €€€
In einer Stadt voller Spitzenrestaurants nimmt das Pierchic einen der oberen Ränge ein. Die Meeresküche ist von höchstem Niveau, fast noch schöner ist der Blick. Romantisch gelegen am Ende einer Mole, die sich vom Privatstrand des Hotels Al-Qasr in den Persischen Golf erstreckt, ist das auf Fischgerichte spezialisierte Haus besonders bei Paaren beliebt.
✈ 187 D1 ✉ Al Qasr, Madinat Jumeirah
☎ 04 4 32 32 32
🌐 www.jumeirah.com
🕐 tägl. 13–14 Uhr, 18.30–22 Uhr

Rhodes €€€
Im mondänen, neben dem Jachthafen gelegenen 5-Sternehotel Grosvenor House (S. 146) lassen Gary Rhodes und seine Riege keine Wünsche offen. Immer wieder überraschen sie die kulinarisch verwöhnte Stadt mit einer Küche der Superlative, einer (für hiesige Verhältnisse) erstklassigen Weinkarte und einem Topservice im eleganten Ambiente. Entsprechend sind die Preise – also nur etwas für besondere Gelegenheiten.
✈ 188 D1 ✉ Grosvenor House, West Marina Beach ☎ 04 317 60 00
🌐 www.rw1-dubai.com
🕐 Mo–Fr 18.30–23, Sa., So. 14–21 Uhr

Rostang, The French Brasserie €€
Die Alltagsbrasserie des Spitzenkochs Michel Rostang (zwei Michelin-Sterne) steht für klassische französische Küche mit modernem Kick. Im Ambiente eines Pariser Bistros, in dem es eher familiär als formell zugeht, serviert man Frühstück, Mittag- und Abendessen.
✈ 188 westl E1 ✉ Atlantis, The Palm (S. 146), Palm Jumeirah ☎ Tel. 04 4 26 00 00
🌐 www.atlantis.com 🕐 tägl. 9–23 Uhr

Shoo Fee Ma Fee €€€
Halb Nobelbar, halb marokkanisches Restaurant ist dieses luxuriöse Lokal, von dessen Terrasse man den besten Blick auf die Hotelstadt Madinat Jumeirah hat. Die marokkanische Küche ist authentisch, Tajines und Couscous schmecken ausgezeichnet, daneben serviert man auch moderne Variationen. Nach dem Essen genießen viele im oberen Geschoss zwischen opulenten Sofakissen eine Shisha.
✈ 187 C/D1 ✉ Souk Madinat Jumeirah
☎ 04 3 66 63 35 🌐 www.jumeirah.com
🕐 tägl. 8–24, Getränke bis 2 Uhr

Tagine €€
Auch hier kommen Freunde der authentischen marokkanischen Küche auf Ihre Kosten. Vom Küchenchef bis zu den Musikern stammen hier alle aus Marokko. Dem prächtigen Ambiente eines orientalischen Palastes entspricht die Qualität der angebotenen Gerichte – von der würzigen Kichererbsensuppe Harira bis zur würzig-süßen Pastilla mit Taubenfüllung oder als umwerfendes Hauptgericht die zart zerschmelzende Tajine mit Pflaumen und Lamm.
✈ 188 E1 ✉ One & Only Royal Mirage, Al-Sufouh Road ☎ 04 3 99 99 99
🌐 www.one andonlyresorts.com
🕐 Di–So 19–23.30 Uhr

Zheng He's €€€
Eines der besten Chinarestaurants, zudem fantastisch gelegen in einem führenden Fünf-Sterne-Hotel an einem der Kanäle. In elegantem Ambiente werden Klassiker der chinesischen Küche neben überraschenden Neuschöpfungen serviert. Ein stimmungsvoller Abend beginnt mit einem Sundowner auf der Terrasse der Bahri Bar im oberen Geschoss und klingt nach dem Essen bei einer Fahrt mit dem Wassertaxi aus.
✈ 187 D2 ✉ Mina A'Salam (S. 147), Madinat Jumeirah, Al-Sufouh Road
☎ 04 4 32 32 32
🕐 tägl. 18–22.30, Sa u. So auch 13–16 Uhr

Wohin zum ... Einkaufen?

Gold and Diamond Park

Im Gold Souk finden Sie Lokalkolorit und glitzernde Auslagen. Wenn Sie jedoch ernsthafte Kaufabsichten hegen, sollten Sie in den Park gehen, wo laut Auskunft der hier lebenden Ausländer die Preise meist besser sind. Das Angebot ist vielfältig und für jeden Geldbeutel ist etwas Passendes dabei. Man sollte sich in Ruhe umsehen; der Konkurrenzkampf der Händler ist groß, wenn Sie nichts Passendes finden, können Sie sich auch eine eigene Kreation anfertigen lassen. 30-minütige kostenlose Führungen durch die Werkstätten vermitteln interessante Einblicke hinter die Kulissen.

188 B2 Kreuzung 4, Sheikh Zayed Road ☎ 04 3 62 77 77 10–21 Uhr www.goldanddiamondpark.com

Ibn Battuta Mall

Das märchenhaft gestylte Einkaufszentrum ist in sechs Zonen gegliedert, die auf die Fahrten des marokkanischen Gelehrten Ibn Battuta aus Tanger verweisen. Dieser bereiste im 14. Jh. China, Indien, Persien, Ägypten, Tunesien und Andalusien. Die einzelnen Zonen sind durch verschiedene Farben markiert und entsprechend gestaltet. Eine Reise durch die Hochkulturen der Welt verleiht einem Einkaufsbummel zweifellos zusätzlichen Reiz, und das ausgeklügelte Farbleitsystem hilft bei der Orientierung. So findet man im Persian Court Kaufhäuser wie das allgegenwärtige Debenhams, im India Court dominiert Designermode, wobei Durchschnittsware wie die von Topshop neben Trendmarken wie dem Jeanslabel Evisu angeboten wird. Im Tunisia Court, der einem nordafrikanischen Marktplatz des 14. Jh.s ähnelt, gibt es einen Géant-Supermarkt. Im Egyptian Court sind Läden für Familien vorherrschend, darunter eine Lego-Spielzeughandlung und mehrere Geschäfte für Kinderkleidung, Sportgeschäfte sowie eine Filiale von Magrudy's mit Büchern und Musik.

188 A2 Kreuzung 5/6, Sheikh Zayed Road ☎ 0800 625 43 35 tägl. 10–22 Uhr www.ibnbattutamall.com

Schönes Einkaufserlebnis in der Ibn Battuta Mall

Dubai Marina Mall

Als ideale Einkaufsadresse für alle, die in New Dubai absteigen, bietet die neue großzügige Shopping Mall (mit 160 Läden auf vier Etagen noch von überschaubarer Größe) besonders Modemarken (70 Läden wie Desigual, Juicy Couture oder Miss Sixty). Eine Auswahl an Cafés und Restaurants lädt zu einer Pause ein – ob im reichhaltigen Food Court in der obersten Etage oder in einem der Erdgeschosslokale mit Blick auf den Jachthafen. Neben einem Waitrose-Supermarkt (tägl. 8–23 Uhr) lockt ein Luxuskino mit sechs Leinwänden.

188 C2 Dubai Marina ☎ 4 4 36 10 20 Do–Sa 10–23, So–Mi 10–22 Uhr www.dubaimarinamall.com

Mall of the Emirates

Dieses Einkaufszentrum stellt (mit Ausnahme der Dubai Mall) alle anderen Konsumtempel der Stadt in den Schatten. Es ist schier unmöglich, alle 400 Läden bei einem einzigen Bummel zu besuchen. Zu den zahlreichen Unterhaltungsangeboten gehören das Magic Planet (S. 57), mehrere Kinos sowie das Ski Dubai (S. 153). All das rechtfertigt durchaus einen zweiten oder gar dritten Besuch während eines Dubaiaufenthalts. Die Mall hat drei Etagen. In der glitzernden Via Rodeo sind italienische und französische Designerlabels vertreten.

Edelmarken findet man auch bei Harvey Nichols.
Kulinarisches und Kreatives verbindet das Café Ceramique, in dem Kinder (und Erwachsene) Keramiken bemalen, brennen lassen und mit nach Haus nehmen können. Vor dem Einkaufszentrum gibt es Parkmöglichkeiten, es empfiehlt sich jedoch, sich lieber ein Taxi zu nehmen – besonders im Januar, wenn zahlreiche Schnäppchenjäger zum – mit hohen Preisnachlässen lockenden – Dubai Shopping Festival (S. 172) in die Mall of the Emirates strömen.
† 187 C3 ✉ Kreuzung 4, Sheikh Zayed Road ☎ 0800 66 36 25
⊕ www.malloftheemirates.com
◐ Mo–Do 10–22, Fr–So 10–24 Uhr

Wohin zum … Ausgehen?

BARS UND CLUBS

101 Dining, Lounge & Bar
Edel und relaxt zugleich: Unter Sonnensegeln und umgeben von den Jachten des One & Only-Hotels genießen Gäste bei einem Bellini den Blick auf den Arabischen Golf und die gegenüberliegende Skyline von Dubai, die sich nach Sonnenuntergang in ein einziges Lichtermeer verwandelt.
† 188 westl. E1 ✉ One & Only The Palm Hotel, West Crescent, Palm – Jumeirah ☎ 04 4 40 10 30 ◐ tägl. 12–1 Uhr ⊕ www.oneandonlyresorts.com

Barasti Bar
Offene Holzterrasse, Palmwedeldach und Rattanstühle – die Institution für alle, die am liebsten den ganzen Tag am Strand liegen, schwimmen und sich sonnen, um dann am Abend barfuß und mit Sonnenbrand an der Bar einen Sundowner zu sich zu nehmen. Zwar müssen Sie sich zuerst im Hotelzimmer erfrischen und umziehen (Badekleidung ist unerwünscht!), doch insgesamt verströmt die Bar im Freien auch nach einer massiven Expansion noch immer genau das Strandgefühl, das sie so populär machte.
† 188 D1 ✉ Le Meridien Mina Seyahi Resort, Al-Sufouh Road, Jumeirah ☎ 04 31 81 3 13
◐ So–Do 9–2, Fr u. Sa 9–3 Uhr

Bar 44
Ein Ort für anspruchsvolle Zeitgenossen, die sich gern ein edles Tröpfchen Schampus in gepflegtem Ambiente vor atemberaubender Kulisse schmecken lassen. Eine der besten Champagnerbars in Dubai, auf deren Karte nicht weniger als 44 Sorten stehen – zufällig logiert sie auch im 44. Stock, was spektakuläre Ausblicke über den Ozean und die Skyline der Dubai Marina garantiert.
† 188 D2 ✉ Grosvenor House Hotel, West Marina Beach ☎ 04 3 17 60 00
⊕ www.bar44-dubai.com ◐ Sa–Mi 18–1, Do u. Fr 18–2 Uhr

Buddha Bar
Ein Fuhrpark kostspieliger Sportwagen setzt die Reichen und Schönen der Stadt vor diesem Szenetreff ab. Das Innere der Buddha Bar wird von abgedunkelten roten Laternen und einer riesigen goldenen Buddhastatue beherrscht. Eine 9 m hohe Glaswand gewährt den Gästen einen Ausblick auf die Dubai Marina. Die Küche serviert asiatische Tapas, am meisten Aufmerksamkeit verdient jedoch die Cocktailkarte. Am späteren Abend wird die Musik lebhafter, und der Mittelpunkt des Interesses verlagert sich vom Restaurant zur Bar.
† 188 D2 ✉ Grosvenor House (S. 146), Dubai Marina ☎ 04 3 17 60 00 ◐ So–Do 19–1, Fr 19–2, Sa 13.30–16.30 u. 20–2 Uhr ⊕ www.grosvenorhouse.dubai.com

Nasimi Beach
Die Strandadresse im Hotel Atlantis, The Palm (S. 146) ist genau das Richtige zum Chillen bei ein paar Drinks, während die Sonne vor dramatischer Stadtkulisse langsam untergeht und unter der Regie einheimischer und internationaler DJs die Plattenteller heißlaufen. Freitagabend ist immer am meisten los, die Werktage sind dafür umso erholsamer.
† 188 westl E ✉ Atlantis, The Palm, Palm Jumeirah ☎ 04 26 26 26 26 ⊕ www.atlantis.com
◐ tägl. 10–20 Uhr

Im Nasimi Beach Club des Hotels Atlantis können Sie die Skyline von Dubai bestaunen und eine angenehme Prise vom Meer genießen.

Skyview Bar

Nichthotelgäste müssen einen Platz in der Cocktailbar 200 m über dem Meeresspiegel vorbestellen. Die Eintrittsbedingungen sind noch dazu die strengsten der ganzen Stadt: keine Jeans und keine Turnschuhe oder Sandalen. Herren sollten im gepflegten Hemd erscheinen. Dafür werden die Gäste mit einer faszinierenden Aussicht auf die Neubauten im Persischen Golf belohnt. Leider ist der Stil des Interieurs so chaotisch wie überall im Burj Al-Arab.

187 D1 Burj Al-Arab
04 3 01 76 00 tägl. 18–23 Uhr

WELLNESS

Givenchy Spa

In minimalistischer, ruhiger Atmosphäre kommen Produkte von Givenchy zum Einsatz. Zur Auswahl stehen eine Vielfalt an Gesichtsbehandlungen und Massagen sowie verschiedenste Packungen und Peelings. Darüber hinaus finden Sie hier den besten Hamam von Dubai.

188 E1 One & Only Royal Mirage Hotel (S. 147) 04 3 99 99 99 www.oneandonlyresorts.com tägl. 11–21 Uhr

Retreat Health and Spa

Die exzellente Einrichtung im Hotel Grosvenor House (S. 146) an der Dubai Marina ist ein echter Jungbrunnen. Es gibt getrennte Bereiche für Damen und Herren und ein vielfältiges Behandlungsangebot, darunter balinesische Massagen.

188 D2 Grosvenor House, Dubai Marina 04 3 17 7 61
www.grosvenorhouse-dubai.com
tägl. 10–24 Uhr

The Ritz-Carlton Spa

Die Wellness-Einrichtung des Ritz-Carlton (S. 147) hat viele Pluspunkte, nicht zuletzt rund 40 verschiedene balinesische und europäische Anwendungen und acht Behandlungsräume. Die vollkommene Verwöhnung erfährt man bei einem ganztägigen »Signature Package«, wie dem fünfstündigen Programm »Eastern Delight«, u. a. mit Ganzkörper- und Gesichtsbehandlung.

188 C1 The Ritz-Carlton Hotel, Al-Sufouh Road 04 3 72 27 77
www.ritzcarlton.com 10–23 Uhr

KULTUR

VOX Cinema

Der Kinokomplex mit 14 Leinwänden liegt im 1. Stock des Einkaufszentrums und zeigt Kassenschlager aus Hollywood und Bollywood und manchmal Filme aus dem Mittleren Osten. Die Öffnungszeiten sind dieselben wie die der Mall of the Emirates (S. 138).

187 D3
Mall of the Emirates
0600 59 99 05
www.voxcinemas.com

Madinat Theatre

Das herrliche Theater wird von den nach Kunstgenüssen dürstenden Einwohnern Dubais sehr gut angenommen. Im Madinat Theatre mit 442 Sitzplätzen sind Schauspiel, Tanz und Stand-up Comedy zu sehen. Es hat eine gute Akustik und bequeme Sitze.

187 D1
The Souk, Madinat Jumeirah
04 3 66 88 88
www.jumeirah.com

AKTIVITÄTEN

Arabian Ranches Golf Club

Das Gelände mit dem ersten echten Wüstengolfplatz der Stadt ist zum größten Teil ein Wohngebiet. Der Entwurf der Firma von Jack Nicklaus macht sich die Wüste für einen Sandgolfplatz mit unüblichen sportlichen Herausforderungen zunutze: Keine Wasserflächen, sondern viele Sanddünen machen diesen Platz reizvoll.

außerhalb der Karte
Emirates Road
04 3 66 47 00
www.arabianranchesgolfclub.com
Greenfee ab 285 Dh

Dusail

Motorboote und eine Jacht stehen zum Verleih in der Dubai Marina bereit. Weitere Angebote sind Angeltouren und zweistündige Sightseeing-Touren mit Start am Jumeirah Beach Hotel.

188 D1
Dubai International Marine Club
04 3 98 91 46
www.dusail.com
unterschiedliche Preise

The Montgomerie

Der Golfplatz entstand nach einem Entwurf von Colin Montgomerie in der Nähe des Emirates Golf Club. Das dritte Loch zeichnet die Konturen der Vereinigten Arabischen Emirate nach.

188 C3
Interchange 5, Sheikh Zayed Road
04 3 63 12 68
www.montgomeriegolfclubdubai.com
Greenfee 825 Dh (Wintersaison)

Sheraton Jumeirah Beach

Wer Gefallen an der Idee findet, sich an einem Fallschirm hängend in die Luft ziehen zu lassen, kann am Strand des Hotels Sheraton unter Einsatz des hoteleigenen Rennboots neue Erfahrungen machen.

188 B1 Al-Sufouh Road
04 3 15 39 99
www.marriot.com

Ski Dubai

So heiß es draußen auch sein mag, in diesem Wintersportzentrum locken fünf Pisten, darunter die weltweit einzige Indoor-Abfahrt der schwarzen Kategorie.

187 D3 Mall of the Emirates
04 4 09 40 00
www.skidxb.com
220 Dh (2 Std), Tageskarte 320 Dh

Beeindruckend und schön: die Oryxantilopen

Touren

Die Mega-City hinter sich lassen und die Emirate erkunden: Wüste, Oasen und Berge.

Seite 154–163

Al-Ain

Was?	Zum höchsten Berg der VAE
Länge	300 km (Rundfahrt)
Zeit	1 Tag (fahren Sie möglichst nicht zwischen 8 und 9 Uhr in Dubai los, kehren Sie nicht zwischen 17 und 18 Uhr zurück)
Start/Ziel	Kreuzung 1, Sheik Zayed Road ⇸ 182 C3

Zum Gipfel des Jebel Hafeet (1350 m), des höchsten Berges der Vereinigten Arabischen Emirate, können Sie hinauffahren. Von oben wird deutlich, warum Al-Ain auch gern als »Gartenstadt« bezeichnet wird.

Ob Sie den stockenden Verkehr in Dubai zügig hinter sich lassen können, hängt von Ihrem Startpunkt ab. An der Kreuzung 1 der Sheikh Zayed Road weisen Schilder auf Al-Ain hin. Kommen Sie jedoch von Deira, verlassen Sie die Stadt einfacher auf der Al-Garhoud Road, am Flughafen vorbei auf der Ringstraße 61, die zur Academic City führt; Schilder weisen dann auf Al-Ain und Hatta hin. Die dreispurige Straße 66 führt Sie direkt, wenn auch wie auf einer Achterbahn, in das 100 km entfernte Al-Ain. Die Straße ist zum Schutz vor Sandverwehungen auf ganzer Länge von Büschen gesäumt, die täglich mit wiederaufbereitetem Wasser bewässert werden. Auf dem Weg liegen Kamelfarmen zwischen den Dünen, es gibt Rastplätze und mehrere Tankstellen. 30 km vor dem Ortseingang beginnt die Landschaft gebirgig zu werden.

Auf dem Kamelmarkt in Al-Ain

In der Region ist Al-Ain gleichermaßen bekannt als Stadt der Gärten und des Kreisverkehrs. Schon bei der Einfahrt in den Ort wird man mit einem guten Rat begrüßt, den man befolgen sollte: »Tourists Follow Brown Signs.«

Beim ersten Rondell fahren Sie weiter geradeaus. Beim zweiten führt die erste Ausfahrt nach rechts zur Hili Fun City. Wenn Ihre Familie nicht auf einem Besuch des mittelmäßigen Vergnügungsparks besteht, nehmen Sie die linke (dritte) Ausfahrt zum National Archaeological Park, in dem eine 5000 Jahre alte Grabstätte zu sehen ist.

Am Fuß des Jebel Hafeet

Al-Ain war einst eine bedeutende Oasenstadt und liegt an der alten Karawanenstraße in den Oman. Noch heute ist die Stadt für ihre Dattelpalmen-Oasen berühmt. Sie werden von unterirdischen Quellen gespeist, die am Jebel Hafeet entspringen, der sich 1240 m über der umliegenden Landschaft und 1350 m über den Meeresspiegel erhebt. Eine Straße führt bis zum Gipfel, von dem man einen überwältigenden Blick auf die Stadt hat. Um zu diesem höchsten Berg der Vereinigten Arabischen Emirate zu gelangen, fahren Sie vom National Archaeological Park an den folgenden zwei Rondellen geradeaus, beim dritten biegen Sie links ab. Nun folgen Sie über die nächsten sieben Kreisverkehre hinweg den Schildern ins Stadtzentrum. Dort weisen die braunen Hinweisschilder zum Jebel Hafeet. Am Fuß des Gebirges liegt im Park Green Mubazzarrah der von heißen Thermalquellen gespeiste See Ain Al-Faydah, die »Quelle der Wohltat«. Nach der Abzweigung wird die Straße sehr kurvenreich, die Höchstgeschwindigkeit auf der 13 km langen Serpentinenstraße ist 30 km/h.

In dem Berghotel Mercure können Sie gut eine Pause machen oder den Sonnenuntergang abwarten und über Nacht bleiben.

Mercure Grand Jebel Hafeet
☎ 03 7 04 68 88
🌐 www.mercure.com

National Archaeological Park
tägl. 9.30–21.30 Uhr
Eintritt 25 Dh

Al-Maha

Was?	Desert Wildlife pur
Länge	70 km
Wann?	Am besten im Winter
Zeit	Zur eingehenden Beobachtung der Tierwelt: mind. eine Übernachtung im Resort Al-Maha
Start/Ziel	Kreuzung 1, → 182 C3

Das Dubai Desert Conservation Reserve ist eines von Dubais Schmuckstücken: ein Naturschutzgebiet in der Sandwüste mit einer Fläche von 225 km², in dem Tiere wie die seltene Oryxantilope (arabisch: Al-Maha) angesiedelt wurden.

Die Wüste mit ihren hohen Sanddünen bildet einen reizvollen Kontrast zu allem, was man sonst in den VAE so erleben kann. Ganz besonders gilt dies jedoch für die Mega-City von Dubai, wo durch den Bauboom die Wüste immer mehr zurückgedrängt wurde. Zum Glück existieren heute einige Wüstenresorts, die Übernachtung inmitten von grandiosen Naturlandschaften bieten, Fünf-Sterne-Hotels, in denen die Gäste im Durchschnitt drei Tage wohnen.

Der Bestand an Oryxantilopen hat sich inzwischen stark vergrößert.

Über Nacht in der Wüste

Den Anfang machte das Al-Maha Desert Resort & Spa – nach wie vor das schönste und stilvollste der Wüstenresorts des Landes. Um dorthin zu kommen, nimmt man rund 70 km außerhalb der Stadt die Ausfahrt von der Straße Dubai–Al-Ain zum riesigen Dubai Desert Conservation Reserve. Inmitten dieses Naturschutzgebietes, in dem die Tier- und Pflanzenwelt der Arabischen Halbinsel angesiedelt wurde, liegt Al-Maha. Ein Aufenthalt dort wird zu einem unver-

Wie eine Oase liegt Al-Maha in der Wüste.

gesslichen Erlebnis. Säbelantilopen mit ihren beachtlichen Geweihen schweifen ungehindert zwischen den 42 luxuriösen, zeltartigen Suiten umher. Während Sie beim Frühstück auf der Terrasse sitzen, können Sie die Tiere beobachten. Um das Resort erstreckt sich der Wüstensand bis zum Horizont. Kundige Führer begleiten Sie gern auf Safaris. Sie geben Unterricht im Bogenschießen, in der Falknerei oder im Reiten. Aufmerksame Mitarbeiter lesen den Gästen jeden Wunsch von den Augen ab. Die Suiten unterm Zeltdach sind mit Mahagonibetten aus dem Oman eingerichtet und mit Sandsteinkacheln aus Ras Al-Khaimah gestaltet. Ein natürliches unterirdisches Wasserreservoir speist nicht nur die angelegten Wasserlöcher, zu denen die Tiere in den frühen Morgenstunden und bei Dämmerung kommen, sondern auch den großen Resortpool sowie die Privatpools der Gästevillen. Erfreulicherweise ist das Resort ökologisch ausgerichtet: Solartechnik kommt zum Einsatz, das Wasser wird aufbereitet und der Müll wiederverwertet; die traditionelle Bauweise sorgt für natürliche Kühlung.

Al-Maha
Die meisten Gäste bleiben gleich zwei bis drei Tage – es lohnt sich.
☎ 04 8 32 99 00 🌐 www.al-maha.com

Weitere Informationen
Dubai Desert Conservation Reserve
🌐 www.ddcr.org

Hatta

Was?	Durch die Wüste in die Berge
Länge	130 km
Wann?	Winter, Frühjahr, Herbst; an Wochenenden ist Hochbetrieb
Zeit	1 Tag oder länger mit Übernachtung im JA Hatta Fort Hotel
Start/Ziel	Kreuzung 1, Sheik Zayed Road, ↠ 182 C3

Die kleine Bergstadt ist eine Exklave des Emirats Dubai im über 1000 m aufragenden Hadschar-Gebirge. Sie wird umgrenzt vom Oman und den Emiraten Ras al Khaimah und Ajman. Dank der Höhenlage bietet Hatta ein gemäßigteres Klima als Dubai und ist nicht zuletzt deshalb als Ausflugsziel sehr beliebt. Wer nur Zeit für einen Ausflug hat, sollte nach Hatta fahren.

Mehrere Bäche aus dem nahen Hadschar-Gebirge versorgen Hatta mit Wasser, erkennbar am vielen Grün und dem Weg durch die Wadis (ausgetrocknete Flussläufe). Das Hotel der Stadt liegt in einem herrlich begrünten Garten. In Dubai nehmen Sie die Straße 44. Sie ist ab der Kreuzung 1 an der Sheikh Zayed Road ausgeschildert und führt am Ras Al-Khor Wildlife Sanctuary (S. 79) vorbei nach Hatta (unterwegs mehrere Tankstellen).

Durch die Wüste

Die Landschaft außerhalb Dubais prägen Sanddünen, die, anfangs noch von Buschwerk durchsetzt, zunehmend dem Bild der klassischen, windgeformten Wüstenlandschaft entsprechen. Nach 50 km, also etwa auf halber Strecke nach Hatta, haben sich Sport- und Tourenveranstalter zu beiden Seiten der Straße angesiedelt. An Wochenenden herrscht Hochbetrieb; Ausflügler aus Dubai kommen gern zum Quadbike- und Motorradfahren hierher. Beachten Sie, dass die Fahrzeuge nicht einfach zu handhaben sind und leicht zu Verletzungen führen können, wenn sie sich überschlagen. Buggys sind mit Überrollbügeln ausgestattet und entsprechend sicherer. Ein beliebter Sport sind auch Wüstenfahrten in Allradfahrzeugen. In der Ferne sieht man die rötliche Sanddüne Big Red, die größte und berühmteste des Emirats.

Mitte: Wali's House in Hatta gehört zu den schönsten Ausflugszielen um Dubai.

Am Fuß der Berge

Kurz vor Hatta passieren Sie eine Tankstelle und mehrere Läden, in denen Keramik und Teppiche verkauft werden. Die Ausläufer des Hadschar-Gebirges rücken nun immer näher. Am Ortseingang erreichen Sie einen Kreisverkehr, in dem Sie links abbiegen müssen, um zum Hatta Fort Hotel zu kommen. In die Stadt selbst fahren Sie nach rechts, geradeaus erreichen Sie nach 10 km die Grenze zum Oman. Das herrliche JA Hatta Fort Hotel thront umgeben von den majestätischen Hadschar-Bergen in einem großen Park und bietet luxuriöse Unterkünfte im Chalet-Stil. Neben einem großen Pool kann man sich mit Bogenschießen, morgendlichen Yoga-Stunden die Zeit vertreiben. Sie können auch in einem der Restaurants essen und sich im Souvenirladen der Lobby detaillierte Karten mit eingezeichneten Bergstraßen kaufen.

Unterwegs nach Hatta passiert man auch moderne »Karawanen« am Wegesrand.

Auf dem Weg in den Ort weisen Schilder zum Hill Park. Dabei handelt es sich aber nicht um einen Park, sondern nur um einen Aussichtspunkt. Weiter in Richtung Ortszentrum folgen Sie dem dortigen Schild nach links zum Hatta Heritage Village. Die Straße windet sich bis zum Museumsdorf, das über die traditionelle Lebensweise in den Bergen vor dem Ölzeitalter informiert. Ähnlich wie im Heritage House in Dubai (S. 48) wird auch hier das ländliche Alltagsleben in Dioramen vorgestellt. Die Häuser wurden 2001 um das zentrale Fort errichtet, das Scheich Maktoum Bin Hasher Al-Maktoum 1896 zur Verteidigung gegen Eindringlinge errichten ließ. Zu den 30 Nachbauten des Dorfes gehören eine Moschee, ein Wohnhaus und ein Gemeindehaus, in dem früher Hochzeiten und Versammlungen stattfanden. Die Ursprünge der Siedlung reichen etwa 2000 bis 3000 Jahre zurück; das Museumsdorf behandelt vor allem die Geschichte der letzten 200 Jahre.

Aktiv unterwegs

Ein weiterer Ausflug führt zum nahen Hatta-Stausee. Bereits die Lage des tiefblau schimmernden Gewässers ist einzigartig: Umgeben von den kahlen, in allen Ocker- und Brauntönen schimmernden Bergen verlockt der See zu einer Vielzahl von Wassersportaktivitäten. An einem kleinen Kiosk werden stundenweise Kanus und Tretboote vermietet. Schwimmen ist allerdings nicht gestattet. Ebenfalls organisiert werden begleitete Wanderungen in die Umgebung, die jeweils früh am Morgen starten, da es hier im Sommer um die Mittagszeit ebenfalls unerträglich heiß wird.

Im Outdoor-Zentrum Hatta Wadi Hub (geöffnet November bis Mai) werden Mountainbikes verliehen, mit denen man sich auf Tour begeben kann. Immerhin stehen 52 km ausgebaute Trails in unterschiedlichen und markierten Schwierigkeitsgraden zur Verfügung. Daneben werden E-Bikes verliehen, und auch hier können Wanderungen mit ausgebildeten Guides gebucht werden. Mittlerweile gibt es auch zwei kürzere Zip-Lines und ein kleines Café.

Wer nicht im schon erwähnten Hotel JA Hatta Fort übernachten möchte, dem stehen spektakuläre Glampingplätze zur Verfügung. Zu den Damani Lodges gehören verstreut stehende Holzhäuschen mit Terrasse und grandiosem Ausblick in die Bergwelt. Originell ist auch die Übernachtung in den Airstream Caravans des Sedr-Trailer- Resorts. Sie sind mit Bad, WLAN und einer Außengrillstation äußerst komfortabel ausgestattet. Mehr Natur in Dubai geht nicht!

Wer nur einen Tagestrip unternehmen möchte, bucht am besten bei einem Tourveranstalter. Unproblematisch ist aber auch die Anfahrt mit einem Mietwagen, mehr als 90 Min. benötigt man in der Regel nicht von Dubai nach Hatta.

Wegen der kühlen Höhe kann an Hattas Stausee auch mal eine leichte Jacke sinnvoll sein.

Übernachten
JA Hatta Fort Hotel
☎ 04 8 09 93 33
🌐 www.jaresortshotels.com

Hatta Heritage Village
☎ 04 5 15 50 00 ◑ Sa–Di 8–20.30, Mi., Do. 8–20 Uhr, Fr 15–22 Uhr
Eintritt frei

The Walk at JBR: Hier ist vor allem abends viel los! Probieren Sie eines der vielen Lokale außerhalb der Malls.

Praktische Informationen

Von der Anreise zum Zoll, den Dubai Summer Surprises zum Waterbus

Seite 164–173

VOR DER REISE

Auskunft
Dubai Department of Tourism and Commerce Marketing:
ist in zahlreichen europäischen Ländern vertreten.
Deutschland
Bockenheimer Landstraße 23
D-60325 Frankfurt
Tel. 069 7 10 00 20
www.dubaitourism.ae
Schweiz und Österreich
Hinterer Schermen 29
CH-3063 Ittigen/Bern
Tel. 031 9 24 75 77
www.dubaitourism.ae

Internet
www.visitdubai.com:
Die umfangreiche Website bietet zahlreiche Informationen, auch über aktuelle Hotelangebote und Rabattaktionen (z. B. für Sightseeing-Busse) sowie vergünstigte Eintrittspreise.
www.Dubai-City.de:
Der online-City Guide bietet in komprimierter Form Infos über die Metropole, u. a. zu Sehenswürdigkeiten, Hotels, Restaurants, Freizeitparks, Shopping-Malls etc.
Dubai Mall:
Eine App, die Sie in Kürze zu jedem gewünschten Shop, zu Cafés und Restaurants der Mall bringt.
Mondly:
Eine tolle Sprach-App von Apple, die nicht nur kostenlos ist, sondern es auch in Kürze erlaubt, ein paar Worte arabisch zu sprechen. So macht man sich unterwegs beliebt und steigert die Freude.

Botschaften
Botschaft der VAE in Deutschland
Hiroshimastr. 18-2ß0
10785 Berlin
Tel. 030 51 65 16
united-arab-emirates.visahq.de/embassy/germany/
Generalkonsulat der VAE in Österreich
Lohengrinstr. 21
81675 München
Tel. 089 41 97 70
Botschaft der VAE
Chimanistr. 36, 1190 Wien
Tel. 01 3 68 14 55
www.botschaft-wien.com/at/United-Arab-Emirates-Vertretung-Osterreich-Vienna
Botschaft der VAE in der Schweiz
Schwarztorstrasse 31, 160, 3007 Bern
Tel. 031 3 12 17 10
www.botschaft-bern.com/ch/United-Arab-Emirates-Vertretung-Schweiz-Bern

Elektrizität
Die Stromspannung beträgt 220/240 Volt. In die Steckdosen passen häufig nur Dreikontaktstecker. Es ist empfehlenswert, einen internationalen Adapter einzupacken, kann diesen aber auch vor Ort im Hotel leihen.

Ermäßigungen
Während der Sommermonate senken die Hotels ihre Preise erheblich, mitunter um die 50 %. Zusätzlich locken Packages mit vergünstigten Halb- und Vollpensionsraten. Die wöchentlich in Dubai erhältliche Informationsbroschüre »TimeOut Dubai«, erhältlich in Hotels und im Buchhandel, informiert über Angebote und Rabatte in Hotels, Restaurants und Freizeitparks.

Feiertage
1. Jan.: Neujahrstag
18. Februar 2023, 7. Februar 2024: Lailat al-Miraj (Himmelfahrt des Propheten Mohammed)
6. Aug.: Acccession Day (Tag des Dienstantritts von Sheih Zayed)
19. Juli 2023, 8. Juli 2024: Al-Hijra (Neujahr)
27. Sept. 2023, 15. Sept. 2024: Mawlid al-Nabi (Geburtstag des Propheten)
2. Dez.: National Day (Tag des Zusammenschlusses der sieben Emirate zu den VAE 1971)
25. Dez.: Weihnachten

Geld
Landeswährung der Vereinigten Arabischen Emirate ist der Dirham (Dh) zu je 100 Fils. Die kleineren Münzen sind jedoch kaum im

Umlauf. Banknoten gibt es zu 5, 10, 20, 50, 100, 200, 500 und 1000 Dirham.
Alle gängigen **Kreditkarten** werden akzeptiert. An Geldautomaten (ATM) sind Barabhebungen mit Bankkarten bzw. Kreditkarten möglich. Auch in den meisten Banken bzw. Wechselstuben (u. a. in Shopping Malls und in den Souks) sowie im Hotel (zu einem ungünstigeren Kurs) kann europäische Währung getauscht werden.

Wechselkurs
1 Dh = 0,27 Euro
1 Euro= 3,76 Dh
1 Dh = 0,27 CHF
1 CHF = 3,87 Dh

Gesundheit
Die **medizinische Versorgung** ist hervorragend und entspricht hohem internationalem Standard. Besondere Schutzimpfungen vor Reiseantritt sind nicht notwendig. In Krankheitsfällen wenden Sie sich an Ihr Hotel, das entsprechende Ärzte bzw. Krankenhäuser nennt. Bei den in Dubai praktizierenden Ärzten handelt es sich in aller Regel um Ausländer, die vorzügliches Englisch sprechen. In staatlichen Krankenhäusern und Ambulanzen ist die Notfallversorgung kostenfrei.
Restaurants: In Dubai wie im ganzen Land sind die hygienischen Gegebenheiten in aller Regel vorbildlich. Aufgrund der ungewohnten Gewürze und des Klimas kann es u. U. dennoch zu leichten Darmverstimmungen kommen, so dass Sie am besten entsprechende Mittel im Reisegepäck dabei haben.
In den zahlreich vorhandenen Apotheken (pharmacy bzw. chemist) werden alle gängigen Medikamente (häufig auch ohne Rezept) verkauft, mitunter allerdings unter einer anderen Bezeichnung.
Leitungswasser ist zum Zähneputzen unbedenklich zu benutzen, Hotels stellen in der Regel täglich mehrere Flaschen Mineralwasser zu Ihrem Gebrauch zur Verfügung. Schon wegen des Wüstenklimas sollte man um die 2,5 l Wasser trinken. Auch ausreichender Sonnenschutz ist unentbehrlich.

In Kontakt bleiben
Post: Ansichtskarten nach Europa dauern ca. eine Woche. Briefmarken kauft man in den Souvenirläden der Hotels und Zeitschriftenläden. In den Hotels gibt es normalerweise einen Postdienst für Gäste (d. h. Briefmarken und Briefkasten sind vorhanden).

Internationale Vorwahlen:
Deutschland 0049
Österreich 0043
Schweiz......................... 0041
Dubai 009 714

Die gängigen **Handys und Smartphones** funktionieren in Dubai problemlos. Der staatliche Anbieter Etisalat bietet Besuchern den Kauf einer SIM-Karte, die »Ahlan«-Card, die 75 Dh kostet und bereits 25 Dh Gesprächsguthaben enthält, wieder aufladbar in Etisalat-Filialen, Läden oder an Tankstellen.

Notrufe

Polizei: 999
Feuerwehr: 997
Krankenwagen: 998 oder 999

Kostenfreies **WLAN** bieten nahezu alle Hotels in Dubai ebenso wie Shopping Malls und Restaurants.

Reisedokumente
Bei Einreise in die VAE benötigen Sie einen noch mindestens sechs Monate gültigen Reisepass. Bei der Ankunft auf dem Flughafen erhalten Sie kostenlos ein »Visa on Arrival« (30 Tage gültig) in Form des Einreisestempels.

Reisezeit
Dubai und die VAE sind eine ideale Winterdestination. Zwischen November und März liegen die Temperaturen um die 25 °C, nachts kühlt es angenehm ab, mitunter können Sie sogar einen leichte Jacke oder ein Pashmina-Tuch gebrauchen. Im Januar kommt es gar häufiger zu kurzen Regenfällen.

Ab April wird es zunehmend heißer, bis die Temperaturen in den Sommermonaten auf unerträgliche Werte um die 45 °C steigen. Dann herrscht zudem hohe Luftfeuchtigkeit. Die Hotelpreise sinken in dieser Nebensaison teilweise um die Hälfte, doch ein Aufenthalt in Dubai ist dann alles anderer als verlockend. Auch während des Ramadan, der jährlichen, vierwöchigen Fastenzeit der Moslems, sollte man besser von einem längeren Besuch in Dubai absehen, da dann das öffentliche Leben doch sehr stark eingeschränkt ist,
Cafés und Restaurants tagsüber geschlossen bleiben bzw. für Nicht-Gläubige geöffnet und die Fenster verhüllt werden. Andererseits ist es wirklich ein Erlebnis, einmal beim abendlichen Fastenbrechen dabei gewesen zu sein und die während des Ramadans aufgebauten Zelte, in denen sich die Bevölkerung abends zum Essen und zur Unterhaltung trifft, besucht zu haben.

Sicherheit

Dubai und die VAE gehören zu den sichersten Reisezielen auf der ganzen Welt. Die üblichen Vorsichtsmaßnahmen gelten jedoch nach wie vor: Wertsachen und Dokumente bewahrt man im Hotelsafe des Zimmers auf. (Alleinreisende) Frauen sollten Blickkontakt mit arabischen Männern und anlächeln grundsätzlich unterlassen, da dies zu kompromittierenden Situationen führen kann.
Dubai ist kein Reiseziel für Homosexuelle, doch sofern man den örtlichen Sittenkodex respektiert und öffentliche Zärtlichkeiten meidet, sind keine Probleme zu erwarten. Ein gemeinsames Hotelzimmer ist in Ordnung, doch seien Sie sich klar, dass homosexueller Verkehr nach den Gesetzen der VAE verboten ist.

Zeit

Der Unterschied zur mitteleuropäischen Zeit (MEZ) beträgt plus drei Stunden, in der europäischen Sommerzeit plus zwei Stunden.

Zollbestimmungen

Gestattet ist die Einfuhr von max. 400 Zigaretten (bzw. 100 Zigarren, 2 kg Tabak) und 2 Liter Alkoholika. Bei der Rückkehr in die EU erlaubt sind 200 Zigaretten sowie 1 l Spirituosen sowie Waren im Wert bis 430 Euro (www.zoll.de).

ANREISE

Sie erreichen Dubai von **Deutschland** aus mit etwa 70 wöchentlichen Direktflügen. Emirates (www.emirates.com), die nationale Fluglinie von Dubai, heute weltweit eine der renommiertesten Fluggesellschaften, verkehrt täglich von Frankfurt, Düsseldorf, Hamburg und München. Lufthansa (www.lufthansa.de) ab Frankfurt und München.
Von **Wien, Genf und Zürich** gelangen Sie mit Emirates nach Dubai, von Wien auch mit Austria (www.aua.com), von Zürich aus mit Swiss (www.swis.com).
Bei Buchung mit Etihad, der Fluglinie von Abu Dhabi, bietet die Fluggesellschaft einen Bustransfer (bei Buchung eines Business bzw. First Class Fluges einen Limousinen-Transfer) nach Dubai.

Dubai International Airport (DXB)

Der hypermoderne Hauptflughafen (www.dubaiairport.com) liegt 5 km vom Stadtzentrum entfernt an der Al-Garhoud Road. Per Taxi gelangen Sie von hier bequem ins Stadtzentrum. Die Dubai Taxi Corporation (www.dubaitaxi.ae) unterhält eine große Flotte neuer Limousinen und Vans, die vor dem Ausgang des Ankunftsbereiches zur Verfügung stehen. Da die Preise über Taxameter abgerechnet werden, braucht nicht über den Fahrpreis verhandelt werden. Bei einer Fahrt nach Deira oder Bur Dubai können etwa 80 Dh veranschlagt werden (zurückzuführen auf einen höheren Startpreis beim Flughafen-Standort).
Die **Dubai Metro** ist von allen Terminals erreichbar und gut ausgeschildert, Aufzüge und Rollsteige erleichtern den Gepäcktransport. Die Rote Linie (Red Line) verkehrt in etwa 45 Minuten nach Jumeirah.

Dubai World Central – Al Maktoum International (DWC)

Der DWC-Airport, 47 km südwestlich von Dubai im noch Entstehen begriffenen

Stadtteil Jebel Ali Village gelegen und ca. einen Autostunde entfernt, wird nach vollständigem Ausbau (ca. 2030) der größte Flughafen der Welt sein. Bislang ist der Flughafen noch Drehkreuz für Fracht- und Großraumflüge sowie wird bevorzugt von Low Budget-Airlines angeflogen. Aufgrund seiner gewaltigen Ausdehnung sind die Wege im DWC lang und zeitintensiv. Wer bei der Buchung die Wahl hat, bevorzugt deshalb Flüge zum Dubai International Airport (DXB).

UNTERWEGS IN DUBAI

Öffentlicher Nahverkehr
Schnell, effizient und preiswert: Die **Metro Dubais** ist das weltweit größte und fahrerlos betriebene Schnellbahnsystem und auch für Besucher ein ideales Verkehrsmittel. So verfügen die meisten Sehenswürdigkeiten über Metroanbindungen und vor den Stationen warten meist Taxis. An einigen führen klimatisierte Fußgängerbrücken mit Rollsteigen weiter.
Die **Red Line** (53 km, 29 Stationen) folgt weitgehend der Sheikh Zayed Road und verbindet den Flughafen (Anbindung an alle Terminals) mit dem Hafen Jebel Ali, die **Green Line** (22 km, 20 Stationen) die Handelszone Dubai Airport Free Zone und Dubai Healthcare City.
Betriebszeiten: tägl. 5.30–24 Uhr, in der Nacht von Donnerstag auf Freitag bis 1 Uhr. Takt 6 bis 8 Minuten. Die Wagen der Metro sind äußerst sauber, auch deshalb, weil absolutes Ess- und Trinkverbot herrscht, selbst Kaugummigenuss und der Transport von frischem Fisch strafbar sind.
Die Fahrten sind preiswert und betragen nur wenige Dirham.
Am Automaten erhalten Sie wiederaufladbare **Nol Card** (arab. nol: »Tarif«). Für Vielfahrer empfiehlt sich die günstigere **Silver Card** (20 Dh, davon 14 Dh Guthaben), die am Ticketschalter und am Automaten wiederaufgeladen und auch als Tagesticket (day pass) benutzt werden kann.
Die **Gold Card** (doppelter Zonentarif) erlaubt die Benutzung des Gold-Abteils (1. Klasse). Beim Verlassen der Metro wird der Fahrpreis automatisch belastet. Die Nol Silver Card kann auch im Bus, Waterbus (Fähre) und der Straßenbahn sowie an Parkautomaten eingesetzt werden.
www.dubaimetro.eu.
Angegeben wurde in diesem Band jeweils die nächstliegende Metrostation, von da ist es meist noch eine kurze Strecke zu Fuß oder mit dem Taxi.

Dubai Trolley
Hölzerne Doppeldeckerwaggons sind das Markenzeichen der modernen, nostalgisch wirkenden Straßenbahn, die komplett emissionsfrei in Downtown Dubai unterwegs ist.

Monorail
Die Palm Jumeirah Monorail (www.palm-monorail.com) verkehrt führerlos (von Gateway Towers am Beginn der Palme) auf einer 5,45 km langen Strecke bis zum Scheitelpunkt von Palm Jumeirah (Aquaventure Waterpark am Atlantis Hotel) bzw. zum kleinen Ittihad Park auf der Palme. Die Fahrt kostet 20 Dh (Rückfahrt 30 Dh).

Straßenbahn
Die Ende 2014 in Betrieb genommene Dubai Tram verbindet die Jumeirah Beach Residence (Dubai Marina) und Al Sufouh. Verbindungen zur Metro an den Stationen Jumeirah Lake Towers und Damac sowie zur Monorail Palm Jumeirah. Tickets: Nol Silver Card (siehe Metro).
www.dubaitram.rta.ae.

Busse
Dubai verfügt über ein ausgedehntes Stadtbusnetz mit modernen Bussen und klimatisierten Haltestellen (Wartestationen). Man bezahlt mit der Nol Silver Card (siehe Metro), die man beim Ein- und Aussteigen an ein Lesegerät hält.
www.dubai-bus.com.

Hop on, Hop off-Busse
Die knallroten Busse von City Sightseeing Dubai verkehren auf vier Routen und im

halbstündigen Abstand mit über 40 Stops an Dubais bekanntesten Sehenswürdigkeiten und mit Audio-Kommentaren (auch auf Deutsch) vom Band. Ein Ein-Tages-Pass kostet ca. 65 €.
www.citysightseeing-dubai.com

Waterbus
Der im Bereich von Creek und Dubai Marina von mehreren Haltestellen zwischen 7 und 22 Uhr alle 15 Minuten verkehrende, klimatisierte Wasserbus (www.rta.ae/links/marine/en/dubai-water-bus) ist ein (mit Fahrpreisen von Dh 2 für einzelne Strecken) günstiges Verkehrsmittel und für Besucher eine tolle Gelegenheit, die Stadt aus einer anderen Perspektive kennenzulernen.

Auto/Mietwagen
Günstige Taxis und ein hervorragendes Metro-System machen die Anmietung eines Mietwagens überflüssig, wenn man ohnehin vorhat, keine größeren Ausflüge zu machen bzw. in andere Emirate zu fahren. Dazu kommen dichter Verkehr, Großbaustellen und Umleitungen sowie die Dubai-typische Fahrweise (dichtes Auffahren, schnelles, z. T. rücksichtsloses Wechseln der Spuren.
Alle großen internationalen Autovermietungen sind am Flughafen vertreten und besitzen Niederlassungen in der Stadt. Verlangt werden beim Mietwagen Führerschein, Ausweis und Kreditkarte. Reisende aus EU-Ländern benötigen zwar keinen internationalen Führerschein, man sollte sich aber sicherheitshalber vor Reiseantritt bei einer Mietwagenfirma erkundigen. Das Mindestalter ist 21 Jahre. Bei einer Einreise nach Oman ist eine zusätzliche Mietwagenversicherung zu entrichten. In Dubai wie den übrigen Emiraten gilt die Null Promille-Grenze. Baustellen, Umleitungen und Verkehrsstaus sind im Emirat an der Tagesordnung.

Taxi
Zu den bekanntesten Unternehmen gehören Cars Taxi (Tel. 04 2 69 33 44) und National Taxi (04 3 27 46 66). Viele Taxifahrer stammen aus Pakistan und Bangladesh, sprechen Englisch, verfügen jedoch nicht immer über sehr gute Ortskenntnis bzw. kennen die Straßennamen – in Dubai, wo sich vieles von heute auf morgen ändert, auch ausgesprochen schwierig. Am besten, man weiß deshalb selbst, welches größere und bekanntere Gebäude, welche Mall etc. in der Nähe des gewünschten Fahrzieles liegt. Ältere Fahrer sind zu bevorzugen, da diese oft schon Jahrzehnte in Dubai leben und die Stadt in- und auswendig kennen sowie einen ruhigeren Fahrstil favorisieren. Ein rosafarbenes Dach haben die sog. »Ladies and Family Taxis«, die von Frauen (mit rosafarbenem Schleier) gesteuert werden und sich an alleinreisende (arabische) Frauen bzw. Frauen in Begleitung ihrer Kinder richten. Sie können diese Taxis sowohl telefonisch (04 2 08 08 08) bestellen bzw. bei der Dubai und Emirates Mall sowie am Flugofen ordern.
Jedes Taxi verfügt über einen Taxameter, der bei Fahrtantritt stets eingeschaltet werden muss. Die Preise betragen 1,96 Dh pro Kilometer plus 3 Dh Zuschlag, der Mindestfahrpreis liegt bei 10 Dh. Zwischen 22 und 6 Uhr sowie für Gepäck wird ein Zuschlag erhoben.
Über ein kleines Trinkgeld freut sich jeder Fahrer; üblich ist es, den Fahrpreis bis auf volle 5 Dh aufzurunden.

Abras – Wassertaxis
Wassertaxis kreuzen Tag und Nacht über den Dubai Creek. Es gibt offizielle Haltestellen an beiden Ufern des Dubai Creek. Der Fahrpreis beträgt 1 Dh pro Fahrt.

zu Fuß
Dubai ist keine fußgängerfreundliche Stadt. Ausnahmen bilden die älteren Stadtteile Bur Dubai und Deira sowie die Dubai Marina. Zwischen März und November an Kopfbedeckung und Trinkwasser denken!

ÜBERNACHTEN

Vom extravaganten Strandresort zum romantischen Wüstenschloss im arabischen Beduinen-Stil und dem 60-stöckigen Hochhaushotel mit Hubschrauber-Landeplatz auf dem Dach: In Dubai sind heute so

Das Hotel Burj Al Arab bietet Luxus pur – nicht nur in der opulenten Ausstattung.

ziemlich alle Hotelketten der Luxusklasse vertreten, daneben gibt es exzeptionelle Adressen wie das Burj al Arab, die als Architekturikonen von sich Reden machen und die den Rang von Sehenswürdigkeiten besitzen. Trotz hoher Übernachtungspreise liegen die Auslastungsquoten der Hotels in Dubai meist über 90 %, während der Hochsaison, vor allem zu Weihnachten und während des Shopping Festivals, sind Strandresorts und Luxusherbergen stets ausgebucht. Wenn man Wert legt auf eine bestimmte Adresse ist deshalb frühzeitiges Buchen unabdingbar.
Geschäftsreisende schätzen die fünf-Sterne Business-Hotels an der Sheikh Zayed Road, Häuser, die auch über einen Vielzahl von Restaurants und Bars, Poolanalgen und Spas verfügen.
Günstigere, zumeist ältere Hotels gibt es in Bur Dubai und in Deira. Die billigsten Unterkünfte befinden sich meist in der Nähe der Souks.
Die Luxushotels von Dubai bzw. deren Restaurants, Clubs und Bars sind Zentrum des gesellschaftlichen Lebens und auch bei den Emiratis sehr beliebt. Hier trifft man sich mit der Familie zum Essen, fährt mit dem Ferrari vor, feiert Hochzeiten und Geburtstage oder quartiert sich gleich ein paar Tage in einer Suite ein.
Besucher können mit Preisen ab 500 Dh für ein akzeptables Zimmer rechnen, z. T. in günstigeren Hotels auch darunter.

Übernachtungspreise
für ein Doppelzimmer pro Nacht
€ unter 700 Dh
€€ 700–1500 Dh
€€€ über 1500 Dh

ESSEN UND TRINKEN

Wenn Sie gern essen gehen, dann sind Sie in Dubai goldrichtig! Hier gibt es nicht nur Restaurants, die die Küchen der Welt repräsentieren, großartig ist auch die enorme Vielfalt: neben romantischen Strandrestaurants, mit Michelin-Sternen bedachten Gourmet-Tempeln, locken kleine indische, chinesische und philippinische Lokale mit günstiger, authentischer Küche, dazu Imbiss-Stände, an denen lokale Spezialitäten angeboten werden und neuerdings auch Food Trucks, extravagant gestylte Imbisswagen, die an den unterschiedlichsten Stellen der Stadt mit Spezialitäten aus aller Welt verwöhnen.
Die gastronomische Szene der Stadt ist sehr schnelllebig; manchmal schließen Restaurants vorübergehend wegen Renovierung, ständig werden neue Restaurants eröffnet.
Alkohol wird in Dubai nur in Hotelrestaurants und -bars bzw. lizensierten Restaurants (in der Regel der gehobenen Kategorie) ausgeschenkt. Mineralwasser begleitet jedes Essen. Es lohnt sich, die erheblichen Preisunterschiede zwischen lokalen und (aus Italien und Frankreich) importierten Marken zu beachten. Auf die Rechnungen in Hotelrestaurants wird ein Serviceaufschlag von 10 bis 15 % erhoben.
Ein besonderes Erlebnis in Dubai sind die Dinner Cruises: Während Sie auf dem Oberdeck einer traditionellen Dhau sitzen und über den Creek schippern, bildet die glitzernde Skyline eine eindrucksvolle Kulisse für den Genuss der gebotenen

Speisen. Man findet solche Dhaus u. a. am Creekufer der Deira-Seite zwischen den Hotels Radisson Blu und Sheraton bzw. lässt sich im Hotel einen Platz reservieren. Freitag und Samstag entsprechen in den VAE unserem Wochenende. Viele Hotelrestaurants und -bars bieten daher freitags ein Brunchbufett an, das am späten Vormittag eröffnet wird. In den Preisen (100 bis 350 Dh) sind neben den obligatorischen Erfrischungsgetränken mitunter auch Wein und Champagner enthalten.

Restaurantpreise
für ein Hauptgericht (ohne Getränke und Service)
€ unter 60 Dh
€€ 60–120 Dh
€€€ über 120 Dh

Der Deira Old Souk ist der älteste und größte Basar der Stadt.

AUSGEHEN

Auch in Sachen Nachtleben ist Dubai Hotspot der VAE. Hier legen international bekannte DJs in berühmten Clubs auf, können Sie unter einer Fülle von toll gestylten Clubs und Bars, oft untergebracht in Luxushotels, wählen, einige sogar in romantischer Beach-Lage. Neben Dubai Marina (S. 132) ist besonders auch Madinat Jumeirah (S. 136) eine Top-Adresse zum Ausgehen. Feste Institution in Dubai ist die Ladies Night an einem Tag in der Woche (meist der Dienstag): Frauen erhalten dann kostenlose Drinks – in Dubai, wo gewaltiger Männer-Überschuss herrscht, ein probates Mittel, während der umsatzschwächeren Tage Männer anzuziehen und so den Umsatz zu steigern.
Mit der Dubai Opera (S. 105) besitzt das Emirat einen hochkarätigen Veranstaltungsort, in dem rund ums Jahr Weltklasse-Stars auftreten. Tickets sollten rechtzeitig reserviert werden.

EINKAUFEN

Viele Besucher kommen hauptsächlich zum Einkaufen nach Dubai. Tatsächlich sind die vielen Shopping Malls der Mega-City - was Größe und Ausstattung betrifft – äußerst beeindruckend und genießen bei der Bevölkerung den Rang eines Freizeitvergnügen. Kein Wunder also, dass immer wieder kolportiert wird, der Name Dubai ließe sich ableiten von »do buy«, also der Aufforderung, etwas zu kaufen. In der Dubai Mall, einem der größten Einkaufstempel der Welt mit über 1200 Geschäften, wird allerdings nicht nur geshoppt, sondern man trifft sich in den Cafés und Restaurants, bestaunt die hier untergebrachten Sehnswürdigkeiten und flaniert durch die Gänge. Vorbei ist leider die Zeit, in der man in Dubai billiger als zuhause einkaufen konnte. Im Gegenteil, mitunter liegen die Preise für Designerwaren und Elektroartikel sogar geringfügig über denen in Europa. Schnäppchen können Sie dennoch machen, wenn Sie auf die überall angebotenen Sonderangebote und »Sales« achten. Die meisten Malls sind täglich geöffnet, doch empfiehlt es sich, donnerstags auf einen Besuch zu verzichten, da dann – am arabischen Wochenende – gewaltiger Andrang herrscht und schon die Metro überfüllt ist. Alle gängigen Kreditkarten werden akzeptiert, auch Bankautomaten (ATM) sind zur Genüge vorhanden. Einem traditionellen orientalischen Shopping-Erlebnis am nächsten kommt der Besuch der Souks, den nach bestimmten

Waren angeordneten Ladenfassaden. Hier ist Feilschen ein wesentlicher Bestandteil des Vergnügens.

VERANSTALTUNGSKALENDER

JANUAR/FEBRUAR

Dubai Shopping Festival

Für vier Wochen reduzieren alle Geschäfte die Preise um bis zu 70%, dazu gibt es jeden Tag Verlosungen, finden Modenschauen, musikalische Events, Feuerwerke und kulturelle Veranstaltungen statt. Mehr als 3 Millionen Besucher reisen dann an, die Hotels sind ausgebucht.

Dubai Desert Classic

Das Golfturnier der European PGA Tour lockt internationale Spitzengolfer ins Emirat.
www.dubaidesertclassic.com

FEBRUAR

Dubai Tennis Open

Roger Federer und andere Spitzenspieler werden im Aviation Club erwartet. Gewöhnlich folgen den Frauenturnieren nach einer Woche die Turniere der männlichen Spieler.
www.dubaidutyfreetennischampionships.com

Dubai Jazz Festival

Im Amphitheater der Dubai Media City treten Duran Duran, Ricky Martin und Jazz Musiker auf, auch an anderen Orten gibt es Performances.
www.dubaijazzfest.com

MÄRZ

Dubai World Cup

Mit Preisgeldern um 10 US-$ für den Sieger das höchst dotierte Pferderennen der Welt, in den Luxus-Tribünen und Lounges der Meydan-Pferderennbahn herrscht höchste Promi-Dichte, abends trifft man sich in den Clubs und Restaurants der Stadt zu exklusiven Events.
www.dubaiworldcup.com

JUNI

Dubai Summer Surprises

Den unerträglich heißen Sommermonaten setzt Dubai für sechs Wochen Shopping-Schnäppchen und Veranstaltungen für die ganze Familie entgegen, eine (kleinere) Version Ausgabe des Shopping-Festivals vom Anfang des Jahres.
www.summerisdubai.com

DEZEMBER

National Day

Am 2. Dezember, dem Gründungstag der VAE (in 1971) feiern Nationals und Expatriates gleichermaßen, man trägt die Nationalfarben Rot, Grün, Weiß und Schwarz, macht sich und anderen Geschenke, es finden Bootsrennen, Feuerwerk und Flugshows statt, im Duty Free am Flughafen werden Preisnachlässe bis zu 20 % gewährt.

Dubai International Film Festival

Für eine Woche lang werden internationale und lokale Produkten gezeigt, besonders belebt sind die kostenlosen abendlichen Vorführungen am Strand beim JBR-Walk.
www.dubaifilmfest.com

RAMADAN

Im Heiligen Monat der Moslems wird von Sonnenaufgang bis –untergang gefastet. Das jeweilige Datum richtet sich nach dem islamischen Kalender.
22. März – 21. April 2023
10. März – 9. April 2024
1. März 2025 – 31. März 2025

Ein traditionelles Outfit wird mit dieser Brille schnell zum Hingucker.

ISLAMISCHES ALLTAGSLEBEN

Dubai ist ein muslimisches Land! Der Genuss von **Alkohol** und Schweinefleisch ist Muslimen verboten. Die meisten muslimischen Frauen tragen ein Kopftuch. Allerdings steht es Nichtmuslimen frei, in den großen Hotels der Städte alkoholische Getränke zu genießen.
In manchen Restaurants werden deutlich gekennzeichnete Schweinefleischgerichte serviert. Frauen müssen, außer beim Besuch der Moschee von Jumeirah, kein Kopftuch tragen, allerdings sollten Frauen wie Männer außerhalb der Strände auf vollständige **Kleidung** achten (keine kurzen Hosen, Miniröcke, Tank-Tops oder Spaghettiträger).
In Dubai gibt es neben einigen Kirchen auch zwei Hindu-Tempel.

SPRACHFÜHRER

In Dubai wird Arabisch gesprochen, Englisch ist weit verbreitet. Das Folgende ist eine phonetische Übertragung aus der arabischen Schrift. Wörter oder Buchstaben in Klammern weisen auf die unterschiedliche Form der Anrede für Mann und Frau hin.

BEGRÜSSUNGEN UND ALLGEMEINES

Ja/Nein	**Na'am/La**
Bitte	**Minfadlak (Minfadlik)**
Hallo	**Marhaba**
Danke (sehr)	**Schukran**
Bitte, gern	**Afwan**
Guten Tag (an Muslime)	**As-salamu alaykum**
Antwort (an Muslime)	**Wa-alaykum as-salam**
Hallo (an Kopten)	**As-salamu lakum**
Willkommen	**Ahlan wa-sahlan**
Antwort	**Ahlan bika (ahlan biki)**
Auf Wiedersehen	**Ma-asalama**
Guten Morgen	**Sabah al-kheir**
Antwort	**Sabah an-nur**
Guten Abend	**Masa al-kheir**
Antwort	**Masa an-nur**
Wie geht es Ihnen?	**Kayfa halak? (Kayfa halik?)**
Danke, gut	**Bikhir, schukran**
Mit Gottes Segen	**Inschallah**
Kein Problem	**La tujad muschkilah**
Es tut mir leid.	**Asif. (Asifa.)**
Entschuldigen Sie. bitte	**An idhnak. (An idhnik.)**
Mein Name ist ...	**Ismi ...**
Sprechen Sie Englisch?	**Hal tatakallem al-inglisyah? (Hal tatakallemin al-inglisyah?)**
Ich verstehe nicht.	**La afhaml.**

Notfall

Hilfe!	**Tarri!**
Dieb!	**An-najdah!**
Polizei	**Liss**
Feuer	**A-schurtah**
Krankenhaus	**Mustaschfa**
Gehen Sie weg!	**Abid! (Abidi!)**
Lassen Sie mich in Ruhe!	**Atrukni wahdi! (Atrukini wahdi!)**
Wo ist die Toilette?	**Ayna dawrat al-miyah?**
Ich bin krank.	**Ana marid. (Ana mariddah.)**
Wir brauchen einen Arzt.	**Nourid tabib.**

Einkaufen

Einkaufen	**A-tassaouq**
Laden	**Dukkan**
Ich möchte ...	**Urid ...**
Ich möchte mich umsehen.	**Atafarraj faqat.**
Wie viel?	**Bi-kam?**
Das ist mein letztes Angebot.	**Hadha akher kalam.**
Das ist zu teuer.	**Hadha ghali jedanl.**
Ich nehme dieses.	**Sa-akhus hadha.**
Gut/schlecht	**Jayed/sayi**
Billig	**Rakhis**
Groß/klein	**Kabir/saghir**
Offen/geschlossen	**Maftuh/moughlaq**

Zahlen

0	**Sifr**
1	**Wahid**
2	**Ithnain**
3	**Thalathah**
4	**Arbaah**
5	**Khamsah**

6	**Sittah**
7	**Sabaah**
8	**Thamanyah**
9	**Tisaah**
10	**Asharah**
11	**Ihda-ashar**
12	**Ithna-ashar**
13	**Thalathataashar**
14	**Arbaata-ashar**
15	**Khamsataashar**
16	**Sittata-ashar**
17	**Sabaata-ashar**
18	**Thamaniata-ashar**
19	**Tisaata-ashar**
20	**Ishriin**
21	**Wahid wa ishriin**
30	**Thalathiin**
40	**Arbaiin**
50	**Khamsiin**
100	**Miiyah**
1000	**Alf**

Wochentage

Heute	**Al-yaum**
Morgen	**Al-ghad**
Gestern	**Ams**
Heute Abend	**Al-lailah**
Morgen	**As-subh**
Abend	**Al-masa**
Später	**Fema bad**
Montag	**Yaum alithnayn**
Dienstag	**Yaum althulatha**
Mittwoch	**Yaum alarbia**
Donnerstag	**Yaum alkhamis**
Freitag	**Yaum aljumah**
Samstag	**Yaum alsabt**
Sonntag	**Yaum al-ahad**

NACH DEM WEG FRAGEN / REISEN

Ich habe mich verirrt.	**Ana taih. (Ana taiha.)**
Wo ist ...?	**Ayna ...?**
Flughafen	**Mattar**
Schiff	**Markib**
Bushaltestelle	**Mahatat al-bas**
Kirche	**Kanisah**
Botschaft	**Sifarah**
Markt	**Souk**
Moschee	**Masjed**
Museum	**Mathaf**
Platz	**Maydan**
Straße	**Schari**
Taxistand	**Mawqif at-taxi**
Bahnhof	**Mahatat al-qitar**
Ist es nah/weit?	**Hal howa qarib/ baid?**
Wie viele Kilometer?	**Kam kilometre?**
Hier/dort	**Hunna/hunnak**
Links/rechts	**Yassar/yamin**
Geradeaus	**Ala tul**
Wann kommt/fährt der Bus?	**Mata ughader/uassal al-qittar?**
Ich brauche ein Taxi.	**Urid taxi.**
Halten Sie bitte hier.	**Qeff hunna.**
Rückfahrschein	**Tadhkarah zihaab wa rigoa**
Pass	**Jawaz as-safar**
Bus	**Bas**
Auto	**Sayarah**
Zug	**Qitar**

Restaurant	
Restaurant	**Matami**
Ich hätte gern ...	**Urid an akul ...**
Was ist das?	**Ma hadha?**
Alkohol/Bier	**Arab/birah**
Brot	**Khoubz**
Kaffee/Tee	**Qahwa/shai**
Fleisch	**Lahm**
Mineralwasser	**Miyah madaniah**
Milch	**Halib**
Salz und Pfeffer	**Milh wa filfil**
Wein rot/weiß	**Nabiz ahmar/abyad**
Frühstück	**Iftar**
Mittagessen	**Ghada**
Abendessen	**Ascha**
Tisch	**Maaida**
Kellner	**Nadil**
Speisekarte	**Qaimat at-tam**
Rechnung	**Fatourah**
Guten Appetit	**Bil hana wal-schifa**

GELD

Geld	**Niqood**
Wo ist die Bank?	**Ayna al-bank?**
Dirham	**Dirham**
Kleingeld	**Fakkah**
Postamt	**Maktab al-barid**
Brief	**Barid**
Scheck	**Scheak**
Reisescheck	**Scheak siyahi**
Kreditkarte	**Bittakat iteman**

GLOSSAR

Abayah	**schwarzer Ganzkörperumhang für Frauen**
Abra	**Wassertaxi**
Balaleet	**Nudelgericht mit Omelett, Zwiebeln, Zimt, Zucker und Öl**
Barasti	**Palmenblatthütte**
Barjeel	**Windtürme zur Raumklimatisierung**
Beduinen	**nomadisch oder halbnomadisch lebender Araberstamm**
Bin	**Sohn des**
Burj	**Turm**
Dischdascha	**knöchellange Tunika für Männer**
Dhau	**Lastschiff**
Emirat	**Arabisches Fürstentum**
Fareed	**Eintopf mit Fleisch und Gemüse, der auf hauchdünnen Brotfladen angerichtet wird**
Haram	**arabisch für »verboten«**
Harees	**einfaches Gericht aus Fleischwürfeln, Weizenschrot und Wasser**
Hijab	**Ganzkörperschleier für Frauen, ähnlich der Burka oder dem Tschador, der auch das Gesicht verdeckt**
Iwan	**gewölbter Raum, der an den Innenhof einer Moschee angrenzt**
Kuswari	**würziges Gericht aus Hülsenfrüchten, Nudeln und Reis**
Lukaimat	**Teigbällchen**
Madschlis	**Empfangsraum**
Maristan	**(islamisches) Krankenhaus**
Mezze	**Vorspeisen**
Midan	**Platz**
Mina	**Fähranleger**
Minarett	**Turm einer Moschee**
Mohalla	**Fladenbrot, mit Honig und Dattelsirup gesüßt**
Muezzin	**Beamter, der zum Gebet ruft**
Ramadan	**einen Monat dauernde Fastenzeit im Herbst**
Schaylah	**Kopftuch der Muslima**
Sikka	**Gasse, Allee**
Schari	**Straße**
Shawarma	**am Spieß gebratenes Fleisch**
Shisha	**Wasserpfeife**
Souk	**Markt**
Wadi	**ausgetrocknetes Flussbett**

Cityatlas

Legende

Internationaler Flughafen; Regionaler Flughafen	Metro-Station
Sehenswürdigkeit; Archäologische Stätte	Metro-Station in Bau
Moschee; Kirche	Polizei; Post
Burg, Festung; Burgruine	Busbahnhof
Golfplatz; Badestrand	Denkmal, Monument
Jachthafen; Konsulat, Botschaft	Parkhaus; Parkplatz
Information; Krankenhaus	2 ★★ TOP 10
Museum; Theater, Oper	12 Nicht verpassen!
	17 Nach Lust und Laune!

1 : 38 000

0 — 1 — 2 km

0 — 0.5 — 1 mile

A
B
C
5
4
3
2
1
Dubai Dry Docks
Dubai Cruise Terminal
Port Rashid
AL SHINDAGHA 311
UAE and Coast
AL MINA 321
Al Shindagha Market
Al Khaleej Road
Shindagha Tunnel
Jumeirah Street
Dubai Port Police Headquarters
Dubai Customs Headquarters
Al Ghubaiba Bus Station
Al Ghubaiba Street
Al Ghubaiba
Baniyas Road
AL RAS
Al Ras
Al Khoor Street
Al Mina Road
AL RAFFA 316
Kuwait Road
Al Rola Road
Cemetery
AL SOUQ
Bur Dubai Old Souq
Gold Souq
Deira Old Souq
AL HUDAIBA 322
Al Juma Mosque
312
Dubai Grand Mosque
Al Fahidi Fort & Dubai Museum
BUR DUBAI
Al Khaleej Centre
Ministry of Defense
Majlis Gallery
Al Mankhool Road
Sheikh Rashid Road
Al Mussala
Al Musalla Road
Khalid Bin Al Waleed Road
Al Ain Centre
Sharaf GD
BASTAKIYA
MANKHOOL 317
Netherlands
AL HAMRIYA 313
AL SEEF
Al Seef Road
Twin Towers
AL JAFILIYA 323
Musallah Al Eid
Great Britain
Municipality Building
Canada
The Business Centre
BurJuman Centre
Passport & Immigration Department
Department of Health & Medical Services
Sheikh Khalifa Bin Zayed Rd.
Red Line
Al Karama/ADCB
Bur Juman Station
USA
National Bank of Abu Dhabi
Arbift Tower
Dubai Traffic
Etisalat Headquarters
max
AL KIFAF 324
AL KARAMA 318
Ramada Medical Centre
Germany
UMM HURAIR (1) 314
Sheraton Dubai Creek
Chamber of Commerce
Sheik Zayed Road
Za'abeel Park
The Frame Dubai
Za'abeel Park
Dinosaur Park
Stargate Themepark
Za'abeel Road
Midwest Medical Clinic
Central Post
Green Line
Dubai Creek
Dhow Wharfage
Palace of Sheikh Ahmed the Emir of Qatar
Dubai Police Department of Sea
Umm Hureir Road
OUD METHA 319
Al Nasr Club
Dubai TV and Radio
Al Maktoum Bridge
Lamcy Plaza
Al Nasr Leisureland
Al Nasr Sports and Motor Club
Oud Metha
Rashid Hospital
Indian Sports Club
Mövenpick Bur Dubai
ZA'ABEEL (1) 325
Pakistan Islamic School
Dubai Courts
Public Prosecution
American Hospital
Oud Metha Rd.
St. Mary's Church
Dubai English Speaking School
Floating Bridge
Gulf Tower
Holy Trinity Church
Creek Park
Baniyas Road
Rashid Hospital
Wafi City
Raffles
Pyramids
Dubai Creek Marina
Dubai Dolphinarium
Healthcare City
Riyadh Road
UMM HURAIR (2) 315
Park Hyatt Dubai
Al Wasl Hospital
Children's City
Oud Metha Road
Wasl Stadium
Sheikh Rashid Road
Dubai Electricity & Water Authority

D
E
F
5
4
3
2
UAE Frontier and Coast Guard
DEIRA ISLAND
Shindagha Tunnel
Corniche Road
Deira Bus Station
Gold Souq
Hyatt Regency Dubai
Galleria Centre
DEIRA
Al Khaleej Road
Dr. Mustafa Ayad Clinic
CORNICHE DEIRA
121
AYAL NASIR
116
Al Soor Street
Al Sabkha Road
Naif Road
Covered Souq
AL MURAR
117
Waterfront Market (Fish, Meat, Vegetable)
Baniyas Square
Baniyas Sq.
Al Baraha Hospital
Al-Mamzar Beach Park
NAIF
118
Kuwait Hospital
Tariq Bin Zyad Intermediate School
Deira Tower
Al Nakhal Street
Al Maktoum Hosp. Rd.
Al Baraha Road
Dubai Hospital
Abu Baker Al Siddique Road
SEEF
Twin Towers
Al-Riqqa-Cemetery
Al Maktoum Hospital
Municipality Building
AL RIQQA
119
Al Khattab Road
Ahmad Bin Salim Primary School
Omar Bin Al Khattab Primary School
Al Rasheed Road
AL BARAHA
122
Dr. Mohamed Salem Mansour Dental Clinic
Dr. Mahaveer Mehta Medical Centre
Al Maktoum Road
Union Sq.
Union Square
Arbift Tower
Umer Ibn Al Khattab Road
Al Ghurair City
Al Mateena Street
AL MUTEENA
123
ABU HAIL
126
Hor Al Anz Street
Etisalat Tower
Salah Al Din
Al Jazeera Street
Economic Department
Chamber of Commerce
125
Dr. Nazar Azhari Clinic
Al Muraqqabat Road
124
Fathi Emara Polyclinic
Etisalat Office
Abu Hail Road
Hilton Dubai Creek
Al Rigga
Al Rigga Road
Red Line
Dr. Sathish Chandran Medical Clinic
HOR AL ANZ
Dhow Wharfage
AL MURAQQABAT 124
Hamarain Centre/ J.W. Marriott
Siddique Road
Abu Baker Al Siddique
127
Al Hamriya Shopping Centre
Dubai Police Department of Sea & Port
Orchid Hotel
The Polyclinic
The Traders
Green Line
Clock Tower
PORT SAEED
129
AL KHABAISI
128
Salah Al Din Road
Abu Hail Centre
Baniyas Road
Deira City Centre
Deira Shopping Centre
Dubai Sharjah Road
Abu Hail
Ministry of Labour
Ministry of Education
Al Qiyadah
Dubai Police
Traffic Department
Headquarters
Police Headquarter
Dubai Flower Centre
Cargo Mega Terminal
Cargo Village
AL GARHOUD
214
GGICO
Dubai Civil
Cemetery
181

Dubai English Speaking School
Gulf Tower
Holy Trinity Church
Rashid Hospital
Floating Bridge
Creek Park
Wafi City
Raffles
Pyramids
Healthcare City
UMM HURAIR (2)
315
Dubai Dolphinarium
Children's City
Dubai Creek Marina
Park Hyatt Dubai
Oud Metha Road
Al Wasl Hospital
Wasl Stadium
Sheikh Rashid Road
Dubai Electricity & Water Authority
Riyadh Road
Al Wasl Club
Dubai Officers Club
Police Stadium
Grand Cineplex
Grand Hyatt Dubai
Wonderland
Al Boom Tourist Village
Dubai Creek Golf & Yacht Club
Jumeirah Creekside Hotel
Sheik Rashid Road
Dubai Aviation Club
Al Garhoud Bridge
Dubai Municipal Nurdery
Al Jaddaf
Zabeel Mall
Green Line
CULTURE VILLAGE
Dubai Government Workshop
American of Dubai
AL JADDAF
326 - 329
Dubai Water Sports Association & Water Ski Club
Al Khail Road
Creek
Automotive Park
Al Rebat Street
Business Bay Bridge
Dubai Creek
FESTIVAL CENTRE
Festival City Mall
Crescent Dr
InterContinental Festival City
Centre Blvd
Ikea
Hyperpanda
Plug Ins
Gateway
Festival Power Centre
Grand Ave
AL BADIA HILLSIDE VILAGE
Al Badia Blvd
Festival Blvd
Universal American School
DUBAI FESTIVAL CITY
Al Baida Golf Club
Vista Blvd
Deira International School
Nad Al Hamar Road
Water Tank
THE LAGOONS
(Development Area)

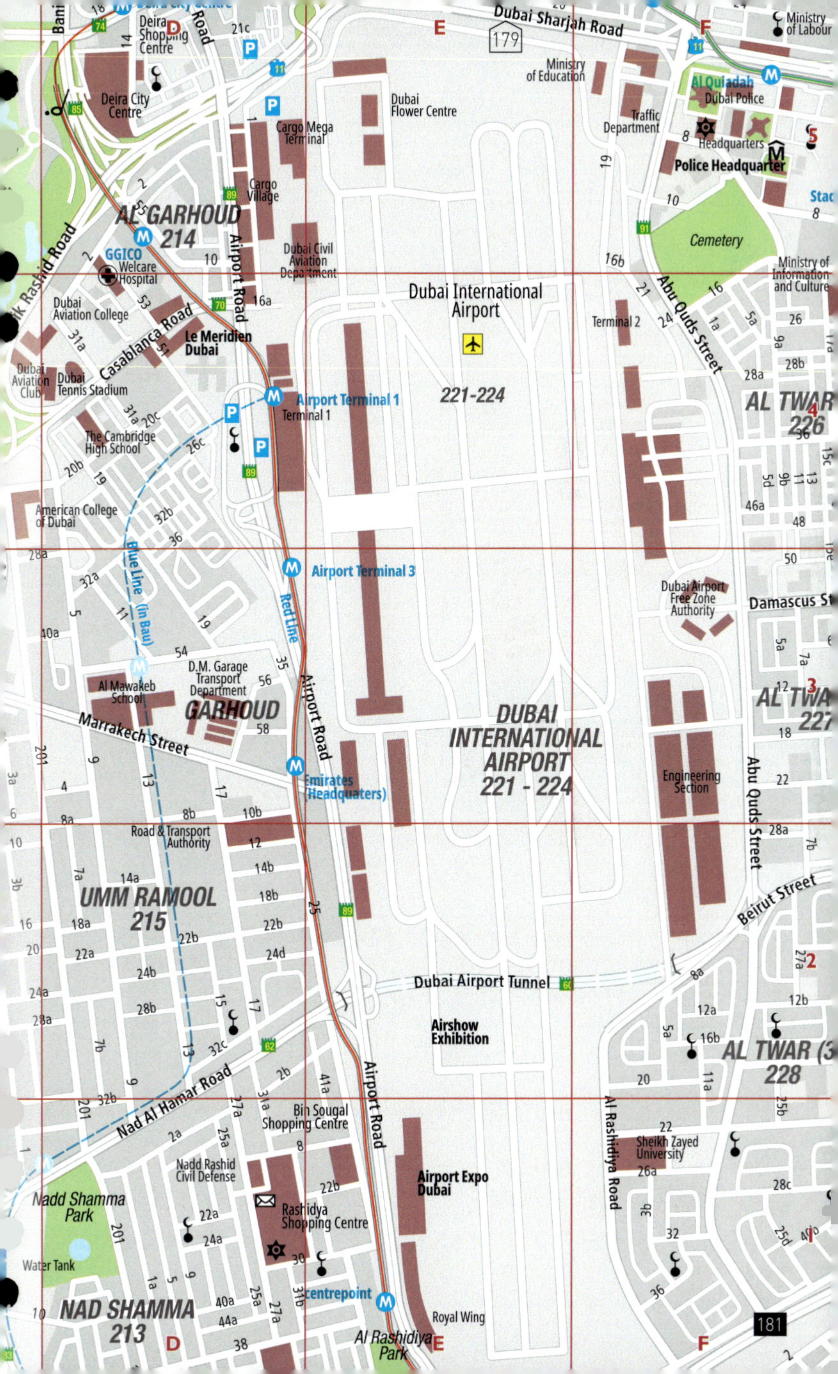
Deira Shopping Centre
Deira City Centre
Dubai Sharjah Road
179
Ministry of Labour
Ministry of Education
Dubai Flower Centre
Cargo Mega Terminal
Cargo Village
Al Quiadah
Dubai Police
Traffic Department
Headquarters
Police Headquarter
AL GARHOUD 214
Airport Road
GGICO
Welcare Hospital
Dubai Civil Aviation Department
Cemetery
Ministry of Information and Culture
Dubai International Airport
Terminal 2
Abu Quds Street
Dubai Aviation College
Casablanca Road
Le Meridien Dubai
Dubai Aviation Club
Dubai Tennis Stadium
Airport Terminal 1
Terminal 1
221-224
AL TWAR 226
The Cambridge High School
American College of Dubai
Airport Terminal 3
Blue Line (in Bau)
Red Line
Dubai Airport Free Zone Authority
Damascus St
Al Mawakeb School
D.M. Garage Transport Department
GARHOUD
Marrakech Street
DUBAI INTERNATIONAL AIRPORT 221 - 224
AL TWAR 227
Emirates (Headquarters)
Engineering Section
Road & Transport Authority
UMM RAMOOL 215
Beirut Street
Dubai Airport Tunnel
Airshow Exhibition
AL TWAR (3) 228
Nad Al Hamar Road
Bin Sougal Shopping Centre
Al Rashidiya Road
Sheikh Zayed University
Nadd Rashid Civil Defense
Nadd Shamma Park
Airport Expo Dubai
Rashidya Shopping Centre
Water Tank
Centrepoint
Royal Wing
NAD SHAMMA 213
Al Rashidiya Park

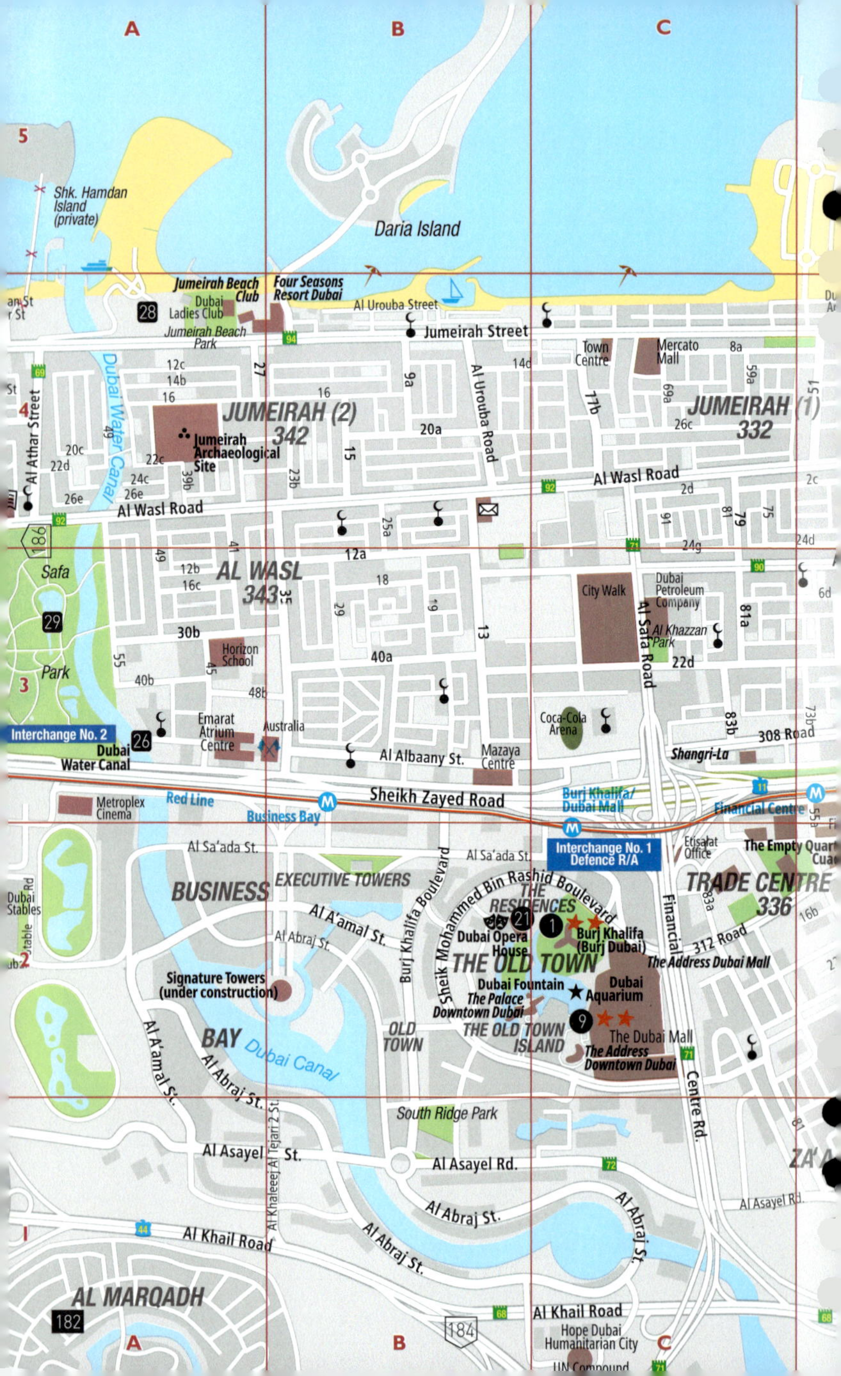
A
B
C
5
4
3
2
1
Shk. Hamdan Island (private)
Daria Island
Jumeirah Beach Club
Four Seasons Resort Dubai
Dubai Ladies Club
Jumeirah Beach Park
28
Al Urouba Street
Jumeirah Street
Town Centre
Mercato Mall
Dubai Water Canal
Al Athar Street
JUMEIRAH (2)
342
Jumeirah Archaeological Site
Al Urouba Road
JUMEIRAH (1)
332
Al Wasl Road
Al Wasl Road
186
Safa Park
29
AL WASL
343
City Walk
Dubai Petroleum Company
Al Khazzan Park
Al Safa Road
Horizon School
Emarat Atrium Centre
Australia
Coca-Cola Arena
Shangri-La
308 Road
Interchange No. 2
26
Dubai Water Canal
Al Albaany St.
Mazaya Centre
Sheikh Zayed Road
Metroplex Cinema
Red Line
Business Bay
Burj Khalifa/ Dubai Mall
Financial Centre
Interchange No. 1 Defence R/A
Etisalat Office
The Empty Quart
Al Sa'ada St.
Al Sa'ada St.
EXECUTIVE TOWERS
BUSINESS BAY
Dubai Stables
Burj Khalifa Boulevard
Sheik Mohammed Bin Rashid Boulevard
THE RESIDENCES
Al A'amal St.
Al Abraj St.
21
Dubai Opera House
1
Burj Khalifa (Burj Dubai)
TRADE CENTRE
336
312 Road
Financial Centre Rd.
THE OLD TOWN
The Address Dubai Mall
Signature Towers (under construction)
Dubai Fountain
The Palace Downtown Dubai
Dubai Aquarium
9
THE OLD TOWN ISLAND
OLD TOWN
The Dubai Mall
The Address Downtown Dubai
Dubai Canal
Al A'amal St.
Al Abraj St.
Al Khaleeej Al Tejari 2 St.
South Ridge Park
Al Asayel St.
Al Asayel Rd.
Al Asayel Rd.
Al Abraj St.
Al Abraj St.
Al Abraj St.
Al Khail Road
Al Khail Road
184
AL MARQADH
Hope Dubai Humanitarian City
UN Compound

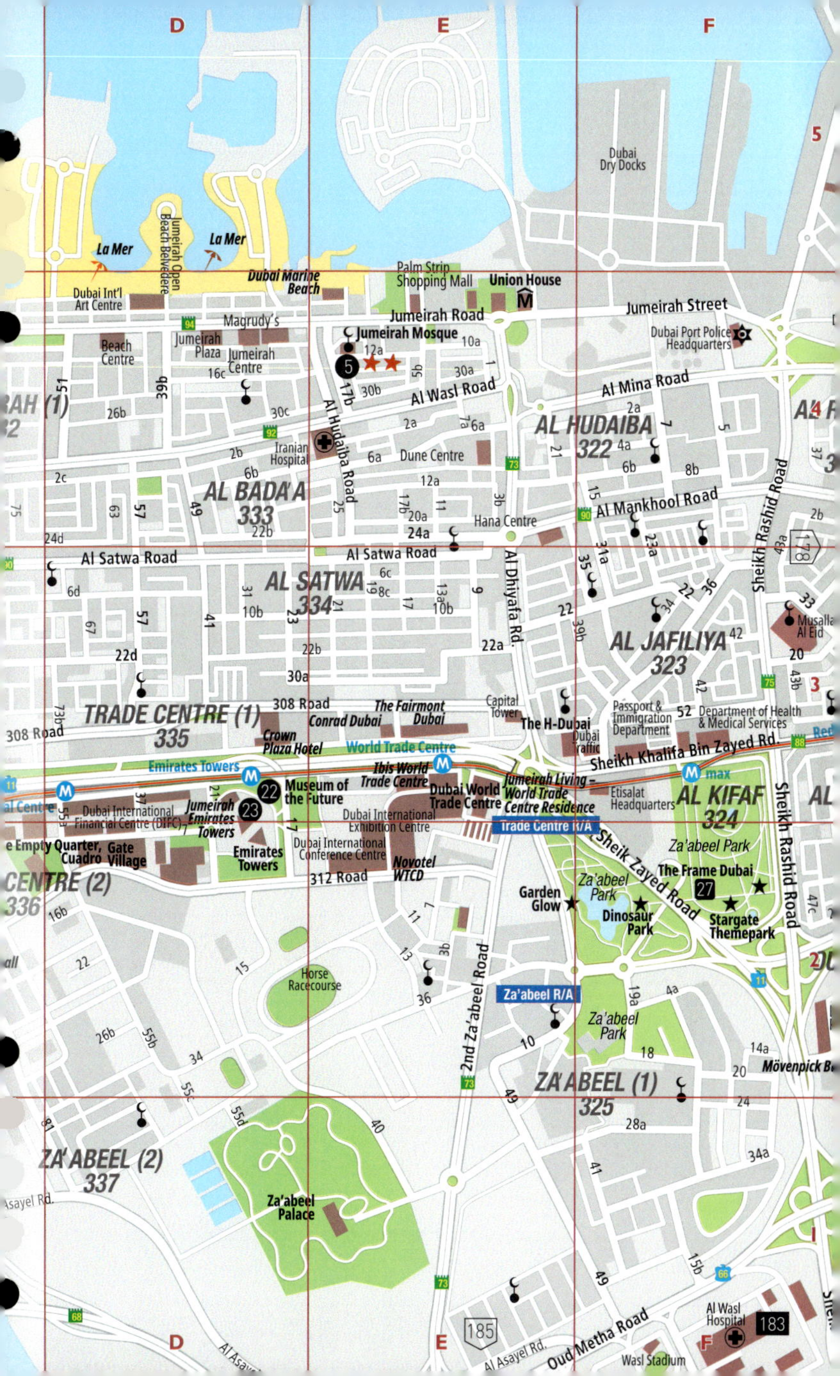

D
E
F
5
4
3
2
1
Dubai Dry Docks
La Mer
La Mer
Jumeirah Open Beach Belvedere
Dubai Int'l Art Centre
Dubai Marine Beach
Palm Strip Shopping Mall
Union House
Jumeirah Street
Jumeirah Road
Jumeirah Mosque
Dubai Port Police Headquarters
Magrudy's
Jumeirah Plaza
Jumeirah Centre
Beach Centre
Al Wasl Road
Al Mina Road
AL HUDAIBA
322
Iranian Hospital
Al Hudaiba Road
Dune Centre
Al Mankhool Road
AL BADA'A
333
Hana Centre
Sheikh Rashid Road
Al Satwa Road
Al Satwa Road
AL SATWA
334
Al Dhiyafa Rd.
AL JAFILIYA
323
Musalla Al Eid
TRADE CENTRE (1)
335
308 Road
308 Road
The Fairmont Dubai
Conrad Dubai
Crown Plaza Hotel
Capital Tower
The H-Dubai
Dubai Traffic
Passport & Immigration Department
Department of Health & Medical Services
Sheikh Khalifa Bin Zayed Rd.
World Trade Centre
Emirates Towers
Ibis World Trade Centre
Dubai World Trade Centre
Jumeirah Living – World Trade Centre Residence
Etisalat Headquarters
max
AL KIFAF
324
Museum of the Future
Dubai International Financial Centre (DIFC)
Jumeirah Emirates Towers
Dubai International Exhibition Centre
Trade Centre R/A
Sheik Zayed Road
Za'abeel Park
Empty Quarter, Cuadro
Gate Village
Emirates Towers
Dubai International Conference Centre
Novotel WTCD
312 Road
The Frame Dubai
Garden Glow
Za'abeel Park
Dinosaur Park
Stargate Themepark
TRADE CENTRE (2)
336
Horse Racecourse
Za'abeel R/A
2nd Za'abeel Road
Za'abeel Park
Mövenpick
ZA'ABEEL (1)
325
ZA'ABEEL (2)
337
Al Asayel Rd.
Za'abeel Palace
Al Wasl Hospital
183
Oud Metha Road
Al Asayel Rd.
Wasl Stadium
185
178

Burj Al Alam (under construction)
Al Asayel St.
Al Asayel Rd.
Al Khaleeej Al Tejari 2
Al Abraj St.
Al Abraj St.
Al Abraj St.
Al Asayel Rd.
Rd.
Al Khail Road
Al Khail Road
ZA'A
AL MARQADH
Hope Dubai Humanitarian City
UN Compound (IRIN, OCHA, UNICEF, UNHCR, UNOPS & WFP)
Lagoon Project
Ras Al Khor Street
BUSINESS BAY (Development Are
AL MARQADH 347 - 349
Bukadra Interchange
Meydan Road
Muscat St.
Meydan Racecourse & Grandstand
The Track Meydan Golf Course
MEYDAN CITY
Dubai Al Ain Road
Racecourse
Dubai Equestrian Centre
BUKADRA 611
Rashid School for Boys
NAD AL SHEBA (1) 615
Nadd Al Sheba Road
RAS AL K INDUSTRIAL AR 612
Nadd Al Sheba Park
Masjid Nadd Al Sheba
Falcon & Heritage Sports Centre 30
Al-Lisaili 31
Latifa School for Girls
NAD AL SHEBA (2) 615

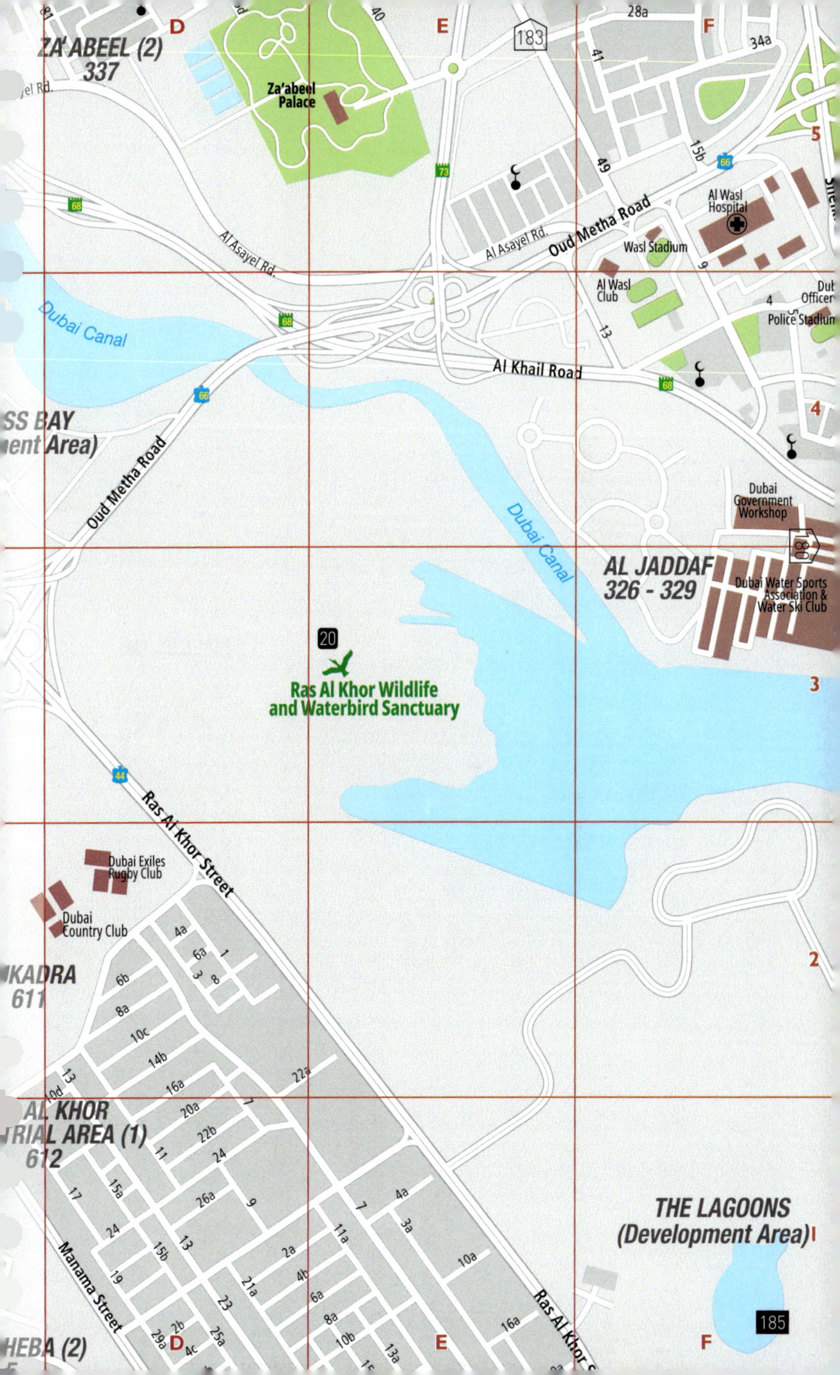
ZA'ABEEL (2)
337
Za'abeel Palace
Al Asayel Rd.
Oud Metha Road
Al Wasl Hospital
Wasl Stadium
Al Wasl Club
Police Stadium
Dubai Canal
Al Khail Road
Dubai Government Workshop
AL JADDAF
326 - 329
Dubai Water Sports Association & Water Ski Club
Ras Al Khor Wildlife and Waterbird Sanctuary
Ras Al Khor Street
Dubai Exiles Rugby Club
Dubai Country Club
AL KHOR
RIAL AREA (1)
612
Manama Street
THE LAGOONS
(Development Area)
D
E
F
5
4
3
2

A
B
C
D
E
Arabian Gulf
Shk. Hm Island (private)
Kite Beach
Dubai Offshore Sailing Club
Umm Suqeim Park
Jumeirah Street
Al Sagi St
Al Ghelaan St
Al Kwaaher St
Al Koss St
Al Hadd St
Al Khab St
Al Nessnass St
Al Zubaidi St
Koufer St
Hamra St
Al Boom St
Al Safeena St
Al Senn St
Majlis Ghorfat Umm Al Sheif
Al Meedaf St
Al Abrah St
Al Sheraa St
Al Mehemal St
Al Tawaash St
Al Nokhtha St
Al Ghais St
Al Bagaara
Al Bailee St
Al Athar Street
Al Talay St
Layeh St
Al Khaamari St
Al Safa Public Library
Al Sinyar St
Al Hamoor St
Al Safee St
Al Shaari
Al Shaari St
Al Sho'ee St
Al Shahoof St
Al Dana St
Al Lu'lu St
Cemetery
JUMEIRAH (3)
352
UMM SUQEIM (2)
362
UMM SUQEIM (1)
356
Umm Suqeim Clinic
Al Manara Street
Umm Al Sheif Street
Al Wasl Road
AL SAFA (2)
357
AL SAFA (1)
353
AL MANARA
363
Medicare Hospital
Al Hadiqa Street
Safa Park
Al Amal Hospital
Int'l School of Choueifat
Interchange No. 3
Interchange No. 2
Sheikh Zayed Road
Al Safa
Red Line
Times Square Center
Alserkal Avenue
Oasis Centre
358
Al Thanya Road
Hamdan Street
Water Ca
182
187

Arabian Gulf
Sunset Beach
Palace of Al Maktoum
Burj Al Arab
Burj Beach
Umm Suqeim Beach
Wild Wadi
Jumeirah Beach Hotel
Umm Suqeim Park
Madinat Jumeirah
Souq Madinat Jumeirah
Madinat Arena
Palm Gateway
Palm Jumeirah Monorail
Al Sufouh
Knowledge Village
Mahara Tower
Dubai Pearl
Dubai College
Choueifat School
Hessa St.
King Abdullah Bin Abdul Aziz Al Saud
AL SUFOUH (1) 382
AL SUFOUH (2) 372
UMM SUQEIM (3) 366
UMM AL SHEIF 367
Umm Suqeim School
Al Thanya Road
Al Wasl Road
Umm Suqeim Road
Dubai Television Relay Station
Emirates Int'l School
Police Training College
ACC
Wellington School International
Sheikh Zayed Road
Red Line
Dubai Internet City
Desert Springs Village
Dubai Media City Extension
THE GREENS
Jebel Ali Race Course Road
Al Zhara Hospital
mashreq
American School of Dubai
School
Dubai National School
Saudi German Hospital
Ski Dubai
Kempinski Hotel Mall of the Emirates
Mall of the Emirates
Interchange No. 4 Jumeirah Beach
Dubai Traffic Department
Umm Al Sheif
Gold and Diamond Park
Garden Centre
Sharjah Expo Centre
Dubai Sports City
Dubai Folklore Theatre Society
A
B
C
D
E

Jumeirah Beach
Atlantis The Palm
Skydive Dubai
Mina Al Seyahi
Sheraton Jumeirah Beach
Hilton Dubai Jumeirah Resort
Sofitel Dubai Jumeirah Beach
The Ritz Carlton
Le Royal Meridien Beach Resort & Spa
Radisson blu Residence Dubai Marina
Le Meridien Mina Seyahi
The One & Only Royal Mirage
Double Tree Hotel
The Walk
JA-Hotel
JA Oasis Beach Tower
Jumeirah Beach Residence 2
Jumeirah Beach Residence 1
Grosvenor House
DEWA Power Station
Bur Dubai Old Souq
Al Juma Mosque
Dubai Grand Mosque
The Wave
Gold Souq
Deira Old Souq
Dubai Marina
Dubai Marina Mall
Covered Souq
Marina Dr North
Marina Dr South
Yacht Club Ave
Saheel Rd
Jazeera Rd
Bahar Rd
Corniche Rd
Dubai Marina Dr
Close North
Mina Seyahi
Dubai Media City
Dubai Media City Park
King Abdullah Bin Abdul Aziz Al
Dubai Tram
Palm Jumeirah
Palm Jumeirah Monorail
Palm Ga
Lulwa Tower
Dubai Pearl
Maha
Nakheel Interchange
Dubai Park & Resorts
Jabal Ali
Al Fahidi Fort & Dubai Museum
Majlis Gallery
Al Mussala
Sheikh Zayed Road
SMCC
Jumeirah Lake Towers
Dubai Marina Mall
Dubai Marina
Marina Towers
American University
Dubai Internet City
187
Dubai Metro Car Park Building
Ibn Battuta St
Al Sarayat St.
NAKHEEL HARBOUR & TOWER (in Bau)
JUMEIRAH LAKE TOWERS 383-389
Deira Tower
Dubai Multi Commodities Centre (DMCC)
SOBHA REALTY
Interchange No. 5 Golf Course
Al Khail
Red Li
First Al Khail St.
JUMEIRAH HEIGHTS
EMIRATES HILLS (1)
Emirates Hills Road
Emirates Golf Club
EMIRATES HILLS (2)
ZEN
Garden Boulevard
MEDITERANEAN
The Gardens
Al Warood 1 St.
JUMEIRAH ISLANDS (1)
JUMEIRAH PARK
Palace of Sheikh Ahmed the Emir of Qatar
CONTEMPORARY
DISCOVERY GARDENS
Arabian Canal
The Address Montgomerie Golf Club
Golf Academy
Clubhouse
Clock Tower
Hattan St
Hattan 2 St
Ariawan Street
Sawsan Ct Street
Zaafaran Street
Lailak 2
Deema 1
Deema 2
Deema 3
Deema 4
Farat
Zulal
Zulal St
Maeen St
Maeen 3 St
Sidhir St
THE LAKES
Jebel Ali Race Course Rd
A
B
C
D
E
2
3

Straßenregister

Register

BILDNACHWEIS

AA/C Sawyer: S. 6 (3), 6 (4), 6 (5), 6 (6), 16, 23, 28, 35 (unten), 42, 43, 45, 55, 65 (rechts), 66, 67, 71 (oben), 74, 76, 78, 83, 100, 108, 110, 131, 136, 137 (oben), 138
age fotostock/LOOK: S. 46
DuMont Bildarchiv/Monica Gumm: S. 5 u., 107, 163
DuMont Bildarchiv/Martin Sasse: S. 5 (unten), 6 (10), 9, 10 (oben), 17, 21, 22, 24, 37 (rechts), 39, 91 (links), 115 (oben), 122/123, 130, 133, 139 (oben), 139 (unten), 140, 141, 146, 156, 157, 160/161, 162, 164/165, 171, 172, 173
Getty images/Buena Vista Images: S. 12/13, 134
Getty images/Daryl Visscher: S. 86/87
Getty images/Esch Collection: S. 92 (links)
Getty images/Ferhad Berahman: S. 111
Getty images/Juno@rt 2013: S. 158
Getty images/Kami: S. 135
Getty images/Mark Daffey: S. 142
Getty images/Michael R. Cruz: S. 93 (links oben)
Getty images/Motivate Publishing: S. 109
Getty images/Neil Emmerson: S. 159
istock: 6 (2), 36 (rechts oben), 47, 49, 53, 63 (rechts oben), 93 (links unten), 104 (links oben), 112, 114 (unten), 127 (rechts), 129 (links oben)
laif/Alain Ernoult: S. 114 (oben)
laif/Bertrand Gardel/hemis.fr: S. 63 (links unten), 145
laif/Frank Fell/robertharding: S. 105
laif/Heuer: S. 27 (links)
laif/Karol Kozlowski/robertharding: S. 63 (rechts unten)
laif/Krause: S. 71 (unten)
laif/Lutz Jaekel: S. 44, 64 (links), 80, 115 (unten)
laif/Jens Neumann+Edgar Rodtmann: S. 127
laif/Martin Sasse: S. 72
laif/MAISANT Ludovic/hemis.f: S. 50
laif/Michael Amme: S. 65 (links oben), 98
laif/Monica Gumm: S. 6 (7), 27 (rechts), 36 (links), 65 (links unten), 104 (rechts oben), 148, 152
laif/Paule Seux/Hemis: S. 117
laif/Plambeck: S. 14
laif/Richard Soberka/hemis: S. 6 (8), 63 (links oben)
laif/Tuul/hemis.fr: 91 (rechts)
laif/Walter Bibikow/hemis: S. 129 (rechts)
LOOK/Jürgen Stumpe: S. 5 (oben), 97, 103
mauritius images/Axiom RF/Ian Cumming: S. 36 (rechts unten)
mauritius images/Brian Hamilton/Alamy: S. 29
mauritius images/Chris Mellor/Alamy: S. 113
mauritius images/ClickAlps: S. 10 (unten)
mauritius images/Dominic Byrne/Alamy: S. 75
mauritius images/Fanika Zupan/Alamy: S. 73
mauritius images/Iain Masterton/Alamy: S. 6 (9), 54, 104 (rechts unten)
mauritius images/imageBROKER/Karl F. Schöfmann: S. 35 (oben)
mauritius images/Jochen Tack/Alamy: S. 26
mauritius images/Katherine Young/Alamy: S. 129 (links unten)
mauritius images/Oscar Elias/Alamy: S. 127
shutterstock: S. 6 (1), 18, 19, 30/31, 48, 58/59, 77, 79, 93 (rechts), 94, 95, 96, 182 (links), 137 (unten), 150, 154/155
travelstock 44/LOOK: S. 102

Titelbild: Oben: aiqingwang/gettyimages
Unten: Victoria Wlaka/gettyimages
Buchrückseite: DuMont Bildarchiv/Monica Gumm

IMPRESSUM

4., aktualisierte Aufl. 2023

Text: Birgit Müller-Wöbcke, Dr. Manfred Wöbcke,
Lara Dunston, Robin Barton
Übersetzung: Christiane Radünz, Christoforo Schweeger
Redaktion: Robert Fischer

Kartografie: © MAIRDUMONT, Ostfildern
3D-Illustrationen: jangled nerves, Stuttgart

Printed in China

Trotz aller Sorgfalt von Autoren und Redaktion sind Fehler und Änderungen nach Drucklegung leider nicht auszuschließen. Dafür kann der Verlag keine Haftung übernehmen. Berichtigungen, Kritik und Verbesserungsvorschläge sind uns jederzeit willkommen, bitte informieren Sie uns unter:

Baedeker Redaktion
Postfach 3162
D-73751 Ostfildern
Tel. 0711 4502-262
smart@baedeker.com
www.baedeker.com

FSC
www.fsc.org
MIX
Papier aus verantwortungsvollen Quellen
FSC® C124385

Meine Notizen

Meine Notizen